ENSAM ÄR STARK?

ETT LIV MED DIABETES OCH ENVISHET

LEENA GRAAF

Leena Graaf

Ensam är stark?

Ett liv med diabetes och envishet.

© 2018 Leena Graaf
Illustration: Thomaz Wiberg

Förlag: BoD – Books on Demand, Stockholm, Sverige
Tryck: BoD – Books on Demand, Norderstedt, Tyskland

ISBN: 978-91-7699665-2

Innehåll

Förord

Den här boken är skriven av mig Leena som sedan 38 år tillbaka har typ 1 Diabetes. Denna kroniska sjukdom kräver tillsyn och kontroll dagligen alla dygnets timmar året runt. Boken är nummer 1 i ordningen att leva med kronisk sjukdom och psykisk ohälsa vilket man inte pratar öppet om inom diabetesvården.

Att visa sig stark inför omvärlden och framför allt ljuga och dölja hur man egentligen mår för nära och kära. Där man inte sträcker ut handen och ber om hjälp men när man väl gör det möts av kalla handen.

Diabetes finns i flera varianter. Om vi tittar på dom två vanligaste som människor i regel känner till så pratar vi om Typ 1 och Typ 2 diabetes. Som hos vissa benämns med orden "den jättesvåra sjukdomen" (typ 1) eller "den som du kan ta bort" (typ 2).

Hos Typ 1 diabetiker dör bukspottskörteln som producerar insulin.
Därför behöver man tillföra detta genom injektioner flera gånger varje dag, antingen med en så kallad insulinpenna eller en insulinpump.
Båda dessa alternativ är livsviktiga för en diabetiker som har Typ 1.

Kort sagt kan man säga att Insulin håller sockret på korrekta nivåer i kroppen. Sker inte detta så får man följdsjukdomar såsom blindhet, njurproblem, nervskador, problem med extremiteterna (bensår och skador i fötterna), oläkta sår med amputation som följd. Hjärta och kärlproblem. Kroppen faller kort och gott isär och dess funktioner upphör att fungera en efter en.

Som Typ 1 diabetiker övervakar man sin egen sjukdom med kroniska blodprover och justerar insulinmängden efter vad du äter och om du förkyld eller något annat eller om du ska träna extra hårt alternativt att du tänker ha en "inte göra något alls dag". Det är svårt för oss att göra något spontant då planeringen av insulinintag kräver planering av den dagliga verksamheten. Våra värden måste ligga stabilt för att vi ska hålla undan alla andra följdsjukdomar.

Vare sig man är 3 år eller 53 år så kräver sjukdomen denna hantering varje dag alla dygnets timmar.

Hos Typ 2 diabetiker är det lite annorlunda. Enkel förklaring är att vid Typ 2 går bukspottskörteln i pension. Den producerar ännu eget insulin till kroppen men inte tillräckligt mycket.

Därför behandlas detta med tabletter (vissa får även en mindre dos i sprutform). Typ 2 diabetikern har samma grundregler som en Typ 1 diabetiker vad det gäller följdsjukdomar och att kontrollera sin sjukdom. I regel så är det mest äldre personer som har Typ 2 fast på senare år har jag personligen noterat en förändring och att Typ 2 diabetes även drabbar yngre personer.

Vi har en stor differens i vården av dessa sjukdomar. Typ 1 diabetes hanteras av specialteam inom diabetes på dom större sjukhusen. Och Typ 2 hanteras på Vårdcentraler. Skillnaden i vården är enorm. Typ 1 diabetikerna träffar sitt vårdteam minimum 4 gånger per år. Medans Typ 2 diabetiker kanske träffar en Diabetessjuksköterska 1 gång per år och även enkelt kan ringa eller maila och säga att receptet gått ut och att det behövs nytt. Här är det ingen som kallar till besök utan det kommer bara nya tabletter på nytt recept.

Min man som har Typ 2 diabetes har inte haft kontakt på över 1 år med sin vårdcentral. Men har fått nytt recept. Jag kan tycka att detta är obehagligt då man inte har god kontroll på den sjuke.

För att då återkoppla till min bok så kommer du som läsare notera den Nakna sanningen om mitt liv med Typ 1 diabetes och om att försöka få ihop livspusslet på ett så många gånger destruktivt sätt.

Förlängningen av denna första bok blir ytterligare minst en bok om hur man vänder upp och gör rätt.

Samt kommer jag ha Workgroups i hemmiljö där vi diskuterar om hur man gör för att komma in på rätt linje med sin sjukdom och sist men inte minst kommer jag föreläsa i samma ämne. I alla avseenden så utgår jag alltid från mig själv.

Ha alla sinnen öppna när ni läser för den tar er ner i djupaste mörkret men även bland dom blåaste molnen. En hel massa självironi och sorg blandas med humor. Ha en underbar fin dag och Var rädd om dig det finns bara en av dig.

Som läsare bör du vara väldigt öppen när du läser den. Då utgångsläget i min bok handlar om mig själv och min egen resa genom livet. En resa som ännu pågår i skrivandets stund. Hur livets resa ter sig efter besked om en kronisk sjukdom, leva i förnekelse, vårdens agerande, destruktiva lösningar för egen del. Att ta sig ur beroendesituationer samt psykisk ohälsa. Ta även med humor och ironi samt en del sorg och en stor portion Jävlar anamma. Saknad av det gamla livet och förhoppning till det nya.

Kort och gott Mycket nöje

Leena

Starten.

Å ret var 1965 när jag föddes in i en ganska bullrig familj med ett ton av kärlek till var och en som kom innanför våra dörrar. Förorten var Bollmora utanför Stockholm men jag växte inte upp där utan fick bara vara bebis innan flyttlasset gick till en ny förort, Skärholmen.

Mina föräldrar skulle bygga där som så många andra. Så där kan jag säga att jag minns mina första år innan grundskolan började.
I det läget så var det i våran familj. Mina föräldrar, min storebror, Mormor och Morfar samt Farmor. Min farfar lämnade oss alltför tidigt.

Jag minns min farfar hemma hos dom på Söder. Han rökte pipa och farmor cigaretter och dom bodde i en liten lägenhet 1 r.o.k. med badrum. Hela lägenheten var ett enda rökrum men jag satt alltid i farfars knä när han gjorde sina stentavlor och rökte pipa. Jag minns att man knappt vågade andas för att stenarna kunde komma fel då vart han sur och jag fick gå ner.

Min farmor levde efter överlevnadsprincipen " 4 groggar om dagen håller doktorn borta" och så var det ända tills hon gick bort.

Mina föräldrar var med i Frälsningsarmén. Vilket gjorde att det var jag och min bror också. Min Mormor och Morfar var religiösa och deltog ofta i Frälsningsarméns möten med allt var de innebar.

Ni kan tänka er kontrasten då familjen hade sammankomster. Farmor som ansåg att man kunde dricka och mormor och morfar som absolut Inte kunde ta en droppe.

Hur som haver så fick vi 2 syskon till. 2 killar så vi är alltså 4 syskon och 2 föräldrar som på den tiden bodde i Skärholmen.

Egentligen så har min uppväxt varit helt underbar. Med en stor och bullrig släkt samt en trygg värld. Oftast var vi i Enskede hos Mormor och Morfar eller så var dom hemma hos oss. Det fanns alltid folk hemma. Pappa hade ett sånt jobb med mycket social verksamhet och båda mina föräldrar var aktiva i föreningar och Frälsningsarmén. Vi behövde liksom aldrig sakna något. Vi hade utbytesstudenter och fosterbarn i princip hela tiden. Så min barndom var helt enkelt toppen om jag tittar i backspegeln.

Vi drar till USA.

Jodå så var det. Här vilar inget direkt klister under skorna, Jag tror jag var 7 och min storebror 10. Pappa skulle till USA under en period och då följde jag, brorsan och mamma med. För tillfället hade vi inga fosterbarn hemma och våra mindre bröder hade inte kommit till världen ännu. Så vi lämnade Skärholmen och bodde i USA. Meningen var att mamma skulle plugga med mig och min bror, vilket inte gick så bra.

Vet ni HUR mycket det finns att göra i Amerika? Vi hade helt enkelt inte tid att plugga med mamma. Det var workshops och glassbarer på långa rader för att inte tala om swimmingpooler och TV. Vilket liv. Mormor och Morfar kom över sen bilade vi igenom USA innan hemfärd till Skärholmen och Sverige.

Jag var öron barn när jag var liten. Minst 1 öroninflammation per månad var det. Det hade gått så långt så jag hade inte ont längre när jag fick det då mina trumhinnor var så förstörda Ni kan ju då tänka er hur detta blev när jag mer eller mindre lekte Delfin i USA hela tiden och alltid var under vattnet. Jag hade kronisk öroninflammation naturligtvis.

Ibland brukar min mamma säga *"Hellre 17 söner än 1 Leena"* Det kan nog ligga lite sanning i det. Problem och jävelskap var min melodi liksom.

Fast väldigt mycket har sin grogrund i ens uppväxt och trots att jag lyckades ganska konstant hamna i trubbel så fångades jag upp av min familj hela tiden. Så mycket kärlek hela tiden.

Nu tror ni säkert att jag var olidlig Men Nää det var jag inte. Jag var den som slog mig mest och fastnade och ja var mest sjuk och inte ville gå i skolan osv. När mina bröder gjorde något Då gjorde dom det stort på en gång Jag gjorde smått hela tiden istället.

Hos oss Började man så fort det hände något att ropa mitt namn först i alla lägen. Så var det bara. Så hela området där vi bodde i USA kunde mitt namn inom loppet av någon vecka.

Men kul hade vi och vilken imponerande värld för en liten 7 åring. Så mycket att ta in och ha med sig i bagaget in i framtidens liv.

Hemkomsten.

Jodå hem till Sverige kom vi och tillbaka till vardagen. Livet började åter igen rulla på som det var innan vi åkte. Strax efter vår hemkomst så kom lillebror nummer 1 in i våra liv strax efter det så var det full kareta på alla möjliga plan eftersom han först kom till oss som fosterbarn (han är numera min riktiga bror). Min mamma framför allt hade en hel del utmaningar i samband med att Lillebror #1 kom.

Sen kom då underverket Lillebror #2. OJ, vilken uppståndelse det blev, en "sladdis". Jag tror att efter Lillebror #2`s ankomst blev huset en aning för litet så vi flyttade...igen. Denna gång till Huddinge (Stuvsta närmare bestämt).

Vi kan väl säga att det var här som Mitt liv satte fart på allvar som begynnande tonåring med allt vad det innebar.

Vi hamnade i en enormt stor villa med dubbla garage och en swimmingpool. Pappa hade firmabil med mobiltelefon. Oj Oj det var på riktigt det här livet. Jag hade valt bästa rummet på nedre botten med fönster i markplan för att då kunde man "smita" ut lite till och från.

Jag började på mellanstadiet i närheten av Stuvsta centrum. När jag började där fanns det en kille som mobbade mig, det gjorde ont ända in i själen. Jag minns inte hur jag fick detta att sluta men på något sätt gick det och jag hade världens bästa gäng runt mig. Jag kan ännu namnge dom alla för dom var och är helt otroliga människor. Dom gav mig styrka i vad som skulle komma och vad som snabbt slets ifrån mig igen. När jag tänker på dom skulle ja vilja vara tonåring igen ihop med dom alla. Killen som mobbade mig satte vi ganska snabbt på plats så han slutade. Det tråkiga var att när vi gick ur 6:an så hamnade alla på en skola på ena sidan Huddinge och jag i en annan då jag bodde på fel sida av den väg som delar Huddinge så jag ham-nade i en ny klass igen på högstadiet. Dock hade jag kvar mina vänner. Men här på högstadiet träffade jag min första kärlek i livet (behöver jag tillägga att han inte var rumsren?)

Kärleken. var ett år äldre än mig och var bara så snygg och rolig. Han blev orsaken till dom utsvävningar som skedde genom fönstret. Kärleken var speciell jag för-stod inte att det förekom hasch i hans umgänge, jag var för ung för att förstå. Dom erbjöd mig men jag tackade alltid Nej. Jag har aldrig och kommer aldrig röra Narkotiska preparat.

Den här perioden var rolig och spännande i mitt liv men med stor förbannelse till min familj. Mycket gick ut på att hålla reda på Leena och hennes påhitt. Ibland kan jag undra vad som hände på vägen.

För mycket flytt?
För mycket "lära känna nytt folk"?
För mycket saker i cirkulation och jag var för liten?

Men som sagt. Framtiden blev väldigt annorlunda för mig det är lite det som gör att denna bok kom till efter sisådär 38 år av förnekelse men ändå hantera att leva mitt i livet. Är du med så här långt?

Om inte så repeterar jag min familj; Pappa, Mamma, Storebror, Lillebror #1, Lillebror #2, Mormor, Morfar, Farmor och Farfar.

Katastrofen slår till.

Den 14 november 1979 Kl. 09.38 på Huddinge sjukhus Öronavdelning. Jodå jag låg inne på öron, hade spelat kort med gubbarna i rökrummet halva natten (japp jag rökte) och alla var gubbar då jag var 14 år.

Jag blev väckt av en läkare, Doktor "Jävlaskithögdiabetesläkarfan".

Doktor "Jävlaskithögdiabetesläkarfan" hade godheten att tala om för mig som nyväckt 14 åring att jag hade fått sockersjuka och skulle flyttas till en annan avdelning för behandling per omgående det var bråttom.

Min reaktion var omedelbart att, Slänga mig ut genom fönstret från 7:e våningen. Dock var detta låst!

Jag gapade och skrek och hade ingen familjemedlem att tillgå då ingen av dom var ditkallade ännu. Under vilda protester körde Doktor "jävlaskithögdiabetesläkarfan" mig upp till en annan avdelning ihop med en sjuksköterska som försökte lugna ner mig.

På något sätt fick Sjuksköterskan mig lugn ihop med en Sjuksköterska till och man satte igång Insulindropp som var kopplat i en maskin i väggen. Dom gjorde allt för att hålla mig lugn förutom att ringa mina föräldrar eller annan familjemedlem.

Några timmar senare kom så Mamma upp till mig och grät!
Jag var ännu uppe i högvarv och undrade varför hon grät det var jag som var sjuk inte hon. Det var jag som skulle dras med knarkarsprutor resten av mitt liv Inte hon. Jag var hemsk. Idag vet jag att en kronisk sjukdom drabbar en hel familj. Men som 14 åring ramlade hela mitt liv ihop inom loppet av 1 minut.

Under 1 månad låg jag på sjukhuset för att lära mig sjukdomen, vilket absolut INTE var aktuellt för mig. Mitt i all denna röra så hördes jätte mycket tissel och tassel i korridoren och i mitt dörrhål stod så helt plöts-ligt alla mina underbara vänner från mellanstadiet.

Jag blev så glad och lycklig. Ni vet man har vissa min-nen i livet som aldrig överger en och dessutom har för-måga att få en glad hur gammal man än är. Detta är ett sånt minne. Jag blev lite gladare till slut men abso-lut inte sams med sjukdomen eller nån annan som nämnde den heller.

Det kom en dietist som talade om att om jag åt varm-korv så skulle jag få amputera fötterna, drack jag en coca-cola skulle jag bli blind, åt jag godis skulle mina njurar klappa ihop m.m.

Ingen sa dock att det var skadligt att röka så jag fort-satte med det. Dietisten var inte välkommen in på mitt rum mer hon fick ducka när jag slängde blåbärssoppa efter henne. Vilket gjorde att målarna fick komma och måla om väggen i mitt rum.

Så ung och så mycket ilska och sorg.

Tiden närmade sig för hemgång med fasa men jag visste att mina goa vänner fanns där och min kärlek. Min familj la jag inte så mycket tänk i för dom var inte sjuka. Jag hade ingen att prata med, vart heller inte er-bjuden någon att prata med på sjukhuset. Ingen som fångade upp min ilska och sorg och för den delen fanns det ingen till min familj heller.

Väl hemkommen så hade min familj bakat kakor enligt diabetesrecept. Kakorna åkte ut genom fönstret i ra-sande fart och familjen vart ombedd att äta dom själv om dom nu ansåg att dom var sjuka. Dom ville bara vara snälla. Jag var inte mottaglig kan vi lugnt säga.

Jag gick inte till skolan för man ansåg Trodde jag, att jag var knarkare som tog sprutor. Jag var livrädd för att hamna i koma. Vågade inte gå ut själv. Mina goa vän-ner hjälpte mig om vi skulle umgås. Dom hämtade mig och gick med mig hem.

Senare har jag fått reda på att dom även skvallrade till mamma om hur jag mådde. Som ni förstår mådde jag allt annat än bra. Det var liksom ingen som kunde fånga upp denna ilska hos mig. Som jag minns det var det ingen som heller gjorde en ansats till det. Allt bara grodde och grodde. Och jag började bygga en mur mot världen, året var 1979.

Katastrofen är ett faktum.

Katastrofen Ja.... Katastrofen har ett namn. HEDE (Härjedalen) Hede är en by i Härjedalen. Den var vid detta tillfälle en centralort i Härjedalen enormt vacker om man tänker på det och lugnt. Hede ligger ganska mitt i kan man säga 7 mil från Sveg och 7 mil till Funäsdalen 3 mil till Vemdalen ganska mycket mitt I. Dessutom 63 mil från Stockholm. 63 mil! Hur rymmer man 63 mil?!

Väl hemkommen från sjukhuset så kläcktes denna underbara del fram som mina föräldrar kommit på.

-Leena gumman, Pappa och jag har köpt ett pensionat. sa Mamma glatt. *-Och vi ska flytta till Härjedalen.*

-Det kommer bli enormt bra och vi har pratat med Doktor "Jävlaskithögdiabetesläkarfan", han tyckte det var bra, för det gynnar din sockersjuka, Gumman...Hhmm Leena...Hör du?

-Säg något till din dotter, uppmanar mamma min pappa

Pappa tittar på mig och säger kort. *-Det blir som vi sagt och vi flyttar till nyår.* (detta var då 13 dec -79)

Jag svarade ingen av dom utan gick ner på mitt rum stängde dörren och kom inte ut. Jag visste mycket väl vart Härjedalen och Hede låg och jag hade absolut ingen längtan efter att bo där någonsin i mitt liv.

I Hede är det skitkallt och massa snö och det finns absolut inget att göra och ingen att "hänga" med och dom pratar konstigt!
Fattar ni? Där kan man absolut INTE bo. Långt ifrån mina underbara vänner och den lilla trygghet jag hade kvar som jag såg på det.

Som ni förstår så var jag inte samarbetsvillig. Alla som kom hem till oss tyckte att det var jättespännande och det skulle bli sååå bra...! För vem? Inte mig i alla fall.

Till saken hör att jag hade tidigare varit i Hede på en resa med Frälsningsarmén. Vi var där på skidresa 1 vecka åkte upp i en gammal militärbuss som det först regnade in i och en aning senare snöade in i. Väl uppkomna till Hede hade folk lurat i mig och min kamrat att det fanns björnar och att vi skulle bo i kåtor och kissa utomhus. Jag och min kamrat svalde detta som dom 12-åringar vi var och vägrade kliva ur bussen trots att det fanns både hus och toalett och gatlysen ja klabbet fanns men vi var livrädda för björn. Denna resa var mitt minne av Hede och dit skulle vi alltså flytta.

Frustrationen från min sida inför stundande flytt var enorm.
Så många planer tog form i mitt huvud.

- *Jag kunde bo hos Mormor och Morfar eller hos Farmor*
- *Jag kunde bo hemma hos nån kompis...eller flera olika*
- *Jag kunde rymma*

Tankarna tog aldrig slut och jag genomförde ingen av dom för jag var Livrädd för att vara ensam och hamna i koma eller få något annat skit på grund av sockersjukan. Så sur som en citron levde jag mina sista veckor i Stuvsta och trotsade allt som skedde i familjen. Tog ingen som helst hänsyn till någon för det var faktiskt JAG som var sjuk, Fattade dom inte det?

Lastbilen mullrade upp för backen till vårat hus och jag greps av panik. Nu är det dags Nu är det på riktigt. Ingen återvändo 63 mil rakt upp i mörkret och kylan! Pappa och Mamma sa att vi skulle åka före med personbilen. I helskotta heller jag åker sen!

-*Hur då?* sa mamma.

-*Vaddå, hur då?* svarade jag.

-*Inte fan vet jag hur jag ska åka, men inte med er i alla fall.*

Kriget var i full gång. Plötsligt ropade en röst att det var flyttchauffören och dom ville börja lasta för att komma iväg.

JÖSSSES! vilken kille.
Så snygg och hans kropp, Oj Oj Oj.

Vi kan lugnt säga att mina föräldrars biljett kring transporten av Leena Löste sig väldigt smidigt. Jag tvekade inte ett ögonblick att åka med honom i hytten 63 hela långa mil. Så jag talade om för mina föräldrar att ska jag åka så åker jag med lastbilen punkt slut. Dom frågade om det gick bra och det gjorde det absolut. Den stackars flyttchauffören fick direktiv av mamma gällande mattider och insulin. Hur kommer det sig att mammor kan göra bort en så katastrofalt på noll och ingenting, Bara genom att öppna munnen?
Har dom ingen som helst feeling i kroppen?

Nåja Packat blev det och iväg kom vi. (Jodå vi passade tiderna med mat och insulin.)

På plats 63 mil från verkligheten.

Där stod man då med snö ovanför knäna i träs-kor mitt i natten oplogat på gården. Som sagt Kallt, Snö och Mörkt. Här hjälpte inte ens chauffören.

Här tror jag att jag la den tyngsta grunden till att inte ta emot hjälp, Inte låta någon komma för nära, Lärde mig att bara ta hand om det viktigaste i livet att Ta mitt insulin. Och så lever jag än idag.

Skulle jag straffas för att fått sockersjukan genom en flytt till Hede så skulle jag straffa mina föräldrar genom att inte släppa in dom.
(Förutom skjuts hit och dit). Ni undrar kanske vad dom skulle göra där? Jo, dom hade köpt ett Pensionat som bestod av en mindre restaurant och en övervåning med rum att hyra ut och en källarvåning med typ sam-lingsrum/Pub och Bastu. Samt ett annex där familjen skulle bo. Det var kort tid för oss att packa upp och in-stallera oss och öppna stället. Som ni förstår var jag inte så exalterad.

Det fanns alltid någon som gapade om jag Inte skulle glömma testa mitt blodsocker och jag skulle inte glömma ta mitt insulin och jag skulle inte glömma att äta, bla bla bla...Konstant gapande.

Ingen hade tid att sätta sig ner och fråga Hur det gick för mig så jag stängde muren lite till för var dag som gick.

Skolan skulle jag gå i ja...Hede Centralskola bestod av alla årskullar. Jag kom upp mitt i en termin och låg redan hysteriskt mycket efter så starten ur skolans perspektiv var usel redan från början. Inte blev det bättre av att dom fick anpassa sig efter mig och mina sprutor och måltider och blodprov.

På sätt och vis kom jag in i klassen rätt fort och fick direkt en bästa kompis. Min klass var toppenskoj och vi hade mycket bus för oss.

Dock var jag på väg att ge upp alltihop När jag blev kallad till rektorn som inte informerat städpersonalen på skolan om att jag var sockersjuk så en av städerskorna kallade mig för

Den där Stockholmsjäntan, Hon ni vet knarkarungen som "flyttat hit" Såja där kom det! Som en käftsmäll "Knarkarungen". Rektorn ville be tusen gånger om ursäkt men vägrade ta upp kvinna så hon fick be mig om Ursäkt. Jag fick höra senare att hon inte ville beblanda sig med Stockholmsfolk och knarkare.

När jag på den här tiden tog mitt insulin så var det så att man hade en glasflaska med insulin och separat nål samt spruta som man satte ihop själv. Jag förvarade detta i mitt skåp och tog alltid dessa saker med mig in på toaletten när jag skulle ta mitt insulin sen la jag tillbaka allt i skåpet. Vi kan säga att detta slutade jag med.

Jag stod vid skåpet och gjorde iordning hela detta ekipage och knäppte upp byxorna och stack mig i magen. (Vilket man gjorde på den tiden). Men offentligt blev det med bravur. Återigen uppkallad till rektorn som bad mig att vara diskret med denna procedur." Folk tar illa upp". Jo dom gör kanske det sa jag och gick därifrån och fortsatte ha min procedur vid skåpet.

När man är tonåring och hela tiden har folk som tjatar om Glöm inte, Tänk på, kan du äta det där, Kan du dricka det där? Tänk på klockan, Tänk på att inte missa...Jag kan fortsätta i evigheter så slutar man lyssna. Man måste få testa. Man måste få en möjlighet att lära sig själv. Man behöver veta att man har ett Backupsystem medan man lär sig både Livet i sig och som här leva med en Kronisk sjukdom. Tonåren i sig är en revoltålder och Tro mig det blir inte bättre med en Kronisk sjukdom som handhållare.

YEEESS Skolavslutning.

Det var 1981 då vi 48 elever som gick ut årskurs 9 i Hede. 48 elever skulle åka till Rhodos ihop tillsammans med 3 vuxna. Min älskade engelskalärare och 2 vuxna till. 1 HEL vecka utan förmaningar och tjat från min familj. Konstant PARTY och solande. Dock hade min mamma som umgicks med vår engelskalärare skrivit en hel j***a lista med förhållningsregler för min del! Skulle detta aldrig ta slut? Låt mig bara vara, Snälla. Vi kom iväg och det var ljuvligt och jag tror att ALLA hade skitskoj. Var det nu så att jag var elak mot någon så ber jag om ursäkt för det.

Resan i sig gick bra med insulin och mat eftersom man på den här tiden tog sprutan 2 gånger per dag vilket gjorde att det var enkelt att hålla reda på. För övrigt så hade jag ett tjugotal klasskamrater som passade på mig så inget gick fel.

Mina år i Hede, som så här i efterhand va för få ser jag tillbaka på med värme och kärlek. Människorna, gubbarna på pensionatet, danserna, skoteråkandet, umgänget, sammanhållningen och lugnet. Ingen hade särskilt bråttom. Vården var lugnare även dom pekade med fingret men inte på samma sätt.

Att klara mig själv på Rhodosresan var enklare för mig eftersom ingen klev innanför min mur så den höll och jag var nöjd samtidigt som jag byggde upp ännu en nivå på muren till mitt eget liv. Kan själv. Muren började bli hög och jag skulle snart fylla 15.

Under hela denna period så har jag aldrig missat eller skitit i att ta mitt insulin men jag var och förblev ingen diabetiker däremot var jag en duktig murbyggare.

Jobb fixade jag när vi kom hem på ålderdomshemmet i byn samt hos mamma och pappa. Även om jobbet hos mamma och pappa gick sådär. Motståndet mot tjatet var för stort. Dom hade köpt ett jättefint hus en bit utanför byn i Skärsjövålen och där ville inte jag bo så mamma fick hyra en lägenhet åt mig på byn. Vilken lycka egen lägenhet 15 år gammal. Jag fixade mitt liv och jag hade en superduper pojkvän. Massa goa vänner och livet lekte. Samtidigt som jag började bli trasig invändigt. Hanteringen av min sjukdom sköttes enligt mig inte så bra. Så jag byggde mer murar fortsatte som om ingenting var fel någonstans.

Här flöt livet på väldigt bra. Det gick sin gång. Personligen var jag relativt lugn och mådde bra men även om jag visat att eller sagt något så kan inte familjens faktum tappas bort. Var stark och prata inte om det. Karaktärerna i vår familj är alla väldigt starka och tar mark. Jag visste inget annat än att man skulle vara stark. Min pappa och min storebror var mina förebilder. Fast dom var inte sjuka som jag så jag måste vara dubbelt så stark.

En överraskning till.

Åter igen levereras besked till oss av mamma och pappa. Att vi skulle flytta. Dom hade sålt vårt älskade Pensionat för att köpa Stadshotellet i Karlshamn. Mitt liv rasade ihop. Vad skulle jag göra nu? Mina vänner, Mitt liv som jag byggt upp, Min läkare...Allt försvann i ett svep. Jag grät i min ensamhet och utåt var jag stark. Visade inga som helst plågor. Åter igen kom frågorna?

- *Kan jag bo kvar?*
- *Hur ska det gå till?*
- *Vem kan jag bo hos?*
- *15 mil utan körkort till sjukhuset. Hur löser jag det?*

Detta är då inte enkelt för en snart 16 åring så jag packade och flyttade med. Jag sa hejdå till alla underbara människor och grät inombords. Kanske borde jag ha hetat Vanish.

I Karlshamn hyrde dom en jättefin lägenhet mitt i stan. Jag lyckades få ett jobb på ett dagis. Träffade 2 killar som jag umgicks med vi blev goda vänner. Sorgen och saknaden slet i mig ännu. Jag hade slutat släppa in folk i mitt liv. Jag spelade tuff och alltid glad.

Hakuna mattata kan man säga. Tjatandet hade minskat avsevärt vilket jag tog som bra för då har jag spelat min roll rätt och fortsatte så med det.

Vi blev inte kvar i Karlshamn så länge för han som skulle sälja ändrade sig och affären blåstes av. Ett tag funderade mamma och pappa på att skaffa något ställe ner mot Skåne typ Malmö. Men här vart jag gruvligt ilsk och flyttade hem till farmor på Söder i Stockholm. Aaahh, hemma igen så nöjd.

Efter ett tag så kom även övriga familjemedlemmar till stan. Kretsen var sluten och ordningen återställd. Boendeorten blev Skogås i Huddinge.

Eftersom jag vid detta läge har lärt mig att ha en fasad så fick jag snabbt nya vänner och skaffade mig ett jobb. Mina föräldrar jobbade så livet rullade på. Min sjukdom var åter i sin vagga hos Doktor "Jävlaskithögdiabetesläkarfan" kruxet som närmade sig var att jag inte var barn längre så dom pratade om att jag behövde flyttas över till vuxenmed. Nej, Nej, Nej Låt mig få ha min trygghet kvar Snälla. Jag gillade trots allt Doktor "Jävlaskithögdiabetesläkarfan".

Jag tror han såg igenom min mur men gjorde inget åt det utan sa till min mamma att det kommer ta sisådär 20 år innan acceptansen kommer för Leena. Vi kan säga att han räknade lite fel. Sisådär 35 år kanske är mer korrekt.

Jag fortsatte ta mitt insulin och var på så sätt duktig flicka. Teoretiskt så lärde jag mig min sjukdom i grunden och hela vägen upp. Denna satans sjukdom som förstörde varenda del av mitt liv, Varenda j***a dag. Dietistens ord levde ännu i mitt huvud, Tjatet runt omkring, välviljan från omgivningen som slog så fel.

Muren som började nå enorma höjder. Hela jag skrek ut SE MIG från mitt inre men ingen såg eller så såg dom och väntade ut mig.

Min lycka och kärlek.

Jag träffade mina barns pappa 1984. Beslöt mig för att jag skulle ha honom. Han hade dock inte riktigt samma åsikt om mig i början. Gud så jag höll på. Jag var ännu inte 18 fyllda han var äldre och hade bil och körkort. Jag öppnade med att säga:
-Hej jag heter Leena och jag är sockersjuk...pfft.

Han tittade på mig och fortsatte prata med sina kompisar. Han var gudomlig och ja han skulle bli min. Jag höll hög fasad samtidigt som jag hade stenkoll på klockan och insulinintag, livrädd för att smita till toaletten för att ta sprutan och han skulle försvinna. Återigen detta förbenade passande och trixande som kunde förstöra min framtid igen.

Tanken gick till varför sa jag att jag var sockersjuk? Vad spelar det för roll? I nästa andetag tänkte jag Gud han kommer rata mig för jag tar knarkarsprutor och inte är frisk. Dumma dig Leena. Dumma, dumma dig Leena.

Fast jag fick honom. Kärlek på riktigt. Vi hade ett stort umgänge och vi flyttade ihop. Åkte på semester och det var aldrig konstigheter med mitt insulin eller massa tjat. Jag var fri!!

Men muren fanns kvar. Jag öppnade mig aldrig med mina innersta tankar och känslor, mina rädslor och min sorg ens för honom. Jag vill inte visa mig svag och rädd inför min sjukdom.

Jag bodde ihop med honom. Jag jobbade. Vi festade och umgicks med våra vänner. Och jag gick kvar på barnmedicin.

På tal om barn. Min första underbara ljuvliga son kom till världen 1985. Jag trodde inte att livet kunde vara så underbart och att något så litet kunde göra mig så hel inombords. Vi hade gift oss på min mammas uppmaning. Och så kom denna lilla varelse.

Aldrig någonsin skulle jag låta någon endaste människa på denna jord skada dig. Så kom jag på att min sjukdom är ärftlig och där gick ridån ner. Hur ska jag försvara dig mot något sådant? Hur ska jag trolla bort dessa gener? Hur kunde jag ens tänka tanken på att skaffa ett så underbart fenomen med dessa gener i min kropp? Hemska du.

Återigen så delade jag inte mina tankar och min själ med någon. Jag la in försvarsmuren och byggde en rad till utan att prata med min man. Tiden gick och snart kom ett underverk till. Min andra underbara son, så lycklig och så stolt.

Jag hade lärt mig att hantera oron vid detta lag men gick "All In" på att han skulle kollas bums och gärna fler gånger. Jag var jättetrött här för vår första son sov aldrig. Så det var lite dygnet-runt aktivitet hemma. Jag klarade inte att hålla mina känslor i schakt och hålla ihop vårat äktenskap och jag kunde inte öppna en dörr genom muren. Jag tog ett destruktivt beslut och lämnade honom. Han skulle ha det bättre utan mig och min sjukdom. För det hade ju dietisten sagt att jag skulle få amputera fötterna och bli blind så jag fokuserade på våra barn och la mig själv på hyllan och började leva destruktivt. Än idag lever deras pappa i mitt hjärta.

Det destruktiva livet.

Jag och mina barn bodde länge i Skogås. Jag kom på att jobbar jag mycket och hittar på en massa saker så behöver jag inte tänka på mig själv. Så det var barnen och jobb. En och annan pojkvän ramlade in men försökte dom hjälpa till med sönerna eller i mitt hem så gjorde jag slut. När ungarna var små så lärde dom sig snabbt när jag var dålig eller inte. Dom hade en telefonlista bredvid vår väggtelefon med nummer till mamma och pappa och mormor och morfar.

Dom visste att dom skulle ringa om något var fel redan vid fyra års ålder. Varje dag pratade jag med mamma för det var vårat sätt att ha koll på mig och min sjukdom. Jag var sällan ensam och vår skilsmässa var allt annat än lugn och stilla. Allt jag ville var att riva ner min mur och blotta mig för honom men jag kunde inte. Istället vart jag elak och fick naturligtvis samma mynt tillbaka.

Nu kom läkarna igång och började tjata om att jag måste tänka på min sjukdom för mina värden var inte bra och om mina värden inte var bra så. Jo jag vet, blind, amputation, osv. Jag bjöd hem läkarna till mitt liv och min vardag Men dom avböjde.

Sjukdomen blev mitt hatobjekt som skulle sopas bort i sin helhet men sluta ta mitt insulin? DET gjorde jag aldrig för då kunde man ju dö! Och så kunde man inte ha det Vem skulle då ta hand om mina barn? Nä, nä. I med mer insulin bara och stå upp. Var stark. Och framför allt gnäll inte.

Livet.

Grabbarna växte upp och jag jobbade 24/7. Var aktiv i föreningslivet där grabbarna var med. Hade jourhundar. Dom kvällar jag kunde var jag på Puben och sjöng karaoke. Just denna del blev min avkoppling, fast jag jobbade även i den miljön. Som sagt 24/7. Jag hade dåliga värden och var invärtes så slut. Men höll ångan uppe.

Jag gjorde ett avstamp och flyttade upp i landet vilket tyvärr sprack då jag inte hittade vad de nu var jag letade efter. Så karusellen fortsatte på "hemmaplan". Fler destruktiva förhållanden, mer alkohol, mer knäppa idéer.

Allt för att slippa ta hand om mig själv eller tänka på min sjukdom.

Första gången jag vart förbannad på media var när Carl-Gustaf Lindstedt dog (Minns inte året). Rubriken löd: Folkkära Carl-Gustaf Lindstedt dog av sin svåra sjukdom.

Den svåra sjukdomen var Diabetes Typ 2. Man dör inta av den, man dör av omkringliggande delar, alltså andra sjukdomar.

Jag var så arg så jag kokade. Kan man inte skriva rätt i alla fall?

Ska det vara så nedrans svårt? Typ 1 och Typ 2 skiljer sig åt sen har du även graviditetsdiabetes osv.

Folk är generellt inte så upplysta om dessa olika fenomen så min ilska riktas mot Media som vinklade detta fel. Var det nån fan som skulle dö i sin svåra sjukdom så var det jag!

Herregud min morfar dog han hade Parkinson, Reumatiskt och Typ 2 diabetes! Nä nån ordning får det lov att vara på hela kalaset.

På tal om min morfar så har vi även mist vår farmor och vår älskade mormor. Kärnan i familjen var som sagt var Enskede och morfar och mormor. Såhär ca 20 år senare kan man fortfarande le och få tårar i ögonen av tanken på dom. Jag tror att det gäller alla som kände dom och fick äran att bli en del av deras liv. Deras bortgång blev ett jätteras för mig. Dom fanns alltid där för mig och ungarna, ställde alltid upp.

När jag tog körkort fick jag deras gamla bil och när den gick sönder så fick jag nästa också. Bara för att jag skulle kunna röra mig smidigt med ungarna och köra mormor till affären. I Enskede hade man lugnet precis som i Hede. Men inte heller här kunde jag riva ner min

41

mur och släppa ut min ångest över framtiden, sjukdomen, ungarna.

Jag tror inte att jag fått gått en dag utan att någon alltid har kollat av mig. Alltid frågat hur det är med värdena? Förmanat.
Helt i välmening men jag ville inte höra. Jag kunde inte riva ner muren.

Jag tror idag att om vården tidigt fångat upp alla mina signaler så hade min egenvård troligen sett annorlunda ut. Alla diabetiker har en stor del i sin egenvård. Kolla sockret, ta insulin, motionera, planera ifall du är förkyld, Kolla sockret, ät rätt, kolla sockret.

Fest? Ojdå, inte så bra men lite fest kan du ha tänk bara på insulinet och värdena...Så förutom egenvård 24/7 och jobba 24/7 ta hand om ungarna och hundarna så.

Jodå, tackar som frågar. Jag vet inte hur jag får till det!!

Eftersom jag gjorde allt i min makt för att slippa tänka på min sjukdom eller mig själv så har jag glidit längre och längre bort i ett destruktivt beteende. Jag skaffade karlar på löpande band för att ha någon att "ta hand om". Var med ungarna så mycket det gick, Började dricka för det var mycket sånt i mina förhållanden. Jobbade på små företag där man jobbade 24/7 och jag kunde styra mina egna tider. Läkarna och sjuksköters-korna såg naturligtvis mina värden som var allt annat än OK. Jag brydde mig bara inte om att gå tillbaka på nästa besök om jag inte måste ha nya recept. Jag var helt enkelt en jättejobbig patient med en kronisk sjuk-dom. Dessutom rökare och alkoholkonsumerande och icke motionerande. Ingen inom vården närmade sig frågan eller gav sig på kärnproblemet. Ingen erbjöd mig samtalsdelar.

Under alla dessa år.

Tittar jag nu i backspegeln så vet jag inte hur jag lyckats stå upp. Jag vet inte hur jag klarat av allt jag företagit mig. Att jag i min vildaste fantasi trott att ingen sett igenom mig för det har man gjort länge. En vän har satt ner foten. Hon ringde mina föräldrar och sa att dom behövde få in mig på ett hem för jag var alkoholist och sjuk och behövde hjälp. Jag ringde upp henne och bad henne dra åt helvete så var den vänskapen över. Och livet fortsatte som tidigare. Det var jag mot hela världen och min diabetes.

Jag har haft så mycket personer i mitt liv som betytt så mycket för mig. Vissa har jag supit bort, Andra har jag troligen sårat, Andra som kommit för nära har jag helt enkelt tagit bort. Vid några tillfällen har jag gläntat på min dörr visat mig sårbar men ingen har förstått vidden så jag har stängt dörren igen. Man har klappat mig på axeln eller gett mig en kram och sagt Du fixar detta du är stark.

Jag är fasen stark. Jag vill inte vara stark. Jag vill vara liten och tycka synd om mig själv. Jag vill vara duktig och ha bra ekonomi och fint hemma och vara delaktig i nått. Men jag orkar inte, jag kan inte ändra på mig nu. Jag måste hjälpa den och den och fixa det där och kirra med ungarna. Kolla vilka räkningar jag har pengar till den här månaden INTE visa dig svag Leena Du måste vara stark, Inte visa svaghet, Inte be om hjälp, Tänk på andra först. Du har koll på ditt insulin det är bra du är stark.

Lev men dö för fasen inte.

Vardagen är så. En kamp mot följdsjukdomar som gör att det kan leda till en för tidig död. Kampen med värden och korrigeringar av insulin, motion och bra mat. När jag var i 25 års ålder så hade jag relativt bra flyt i mitt liv. Fortfarande med samma mur och liv. Jag hade ännu inte börjat dricka, ungarna var små och jag försökte få ihop livet. Ekonomin hade rasat ihop totalt men jag hade mitt umgänge och familj så på något sätt fick jag livet att fungera. Min målsättning var att vara lika duktig som min bror var. Bra jobb och familj, mysigt hus och enormt social. Han är såå duktig sas det alltid till mig med en menande blick och efterföljande ord. Tänk om du kunde vara så Leena.

Ja tänk om. Men vem skulle ni ha att hacka på då? Vem skulle ställa upp hela tiden när ni behövde? Folk i min omgivning har uppenbarligen en NEJ knapp inopererad, Hos mig missade man troligen den funktionen. När livets dagliga grund lutar på att kolla sitt blodsocker och hålla reda på sprut och matklockan samtidigt vara duktig flicka och ta hand om familjen och jobba. Inte känna ro att få sätta sig ner och tycka synd om sig själv för då är man svag och så kan vi inte ha det. Ta sprutan, kolla sockret, justera och ät rätt dag ut och dag in 365 dagar per år 24 timmar om dygnet.

Nej nej, bli inte less Du måste stå upp. Du måste vara stark inte visa svaghet eller förbannelse över din sjukdom. För gör du det DÅ dör du.

När Diabetesteamet sitter runt omkring mig och lägger huvudet på sned och berättar vikten av att Ta hand om sig själv och sköta sin egenvård, motion och kost...VISA INTE för guds skull att du inte orkar bry dig utan fortsätt le och var stark och, jisses säg INTE att du har ätit en chokladpralin och druckit ett glas vitt (eller 2 Ok...)

Hur skulle du göra? Hur skulle du orka? 2–4 sprutor om dagen 365 dagar per år blir efter 38 år totalt 55 480 injektioner + några extra vid behov.

Knarkarungen levererar smärtan som skär genom kroppen dagligen och ännu gör. Själen gråter. Frustrationen brinner. Orken som tryter, muren som växer... 55 480 injektioner! Behöver jag säga mer?

Skvallersocker och knarkarungen möter rullstolen.

Som ni förhoppningsvis förstått vid det här laget så skrivs denna bok väldigt avskalat och personligt men ändå finns det en viss återhållsamhet från min sida. Boken kanske uppfattas som väldigt rörig. Poängen är att det var och är ännu till viss del ett tufft liv för mig. Vilket leder mig tillbaka in på rätt spår igen.

När grabbarna kom upp i tonåren. Började jag gå ut och mitt krökande kom igång. Inte plums utan bitvis stegrade det sig som en tornado i mitt liv. När man dricker så stiger först värdena för att morgonen efter, vara jättelåga.

Jag hade jobbat upp ett rätt bra tempo med jobb, Ungarnas aktiviteter, hemmet och insulinet samt festandet. Jobbade gjorde jag även på krogen, Ni minns eller hur jag jobbade 24/7. Alkoholen fick mig att lämna mina murar ibland men endast i onyktert tillstånd vågade jag öppna dörren lite grann. Men oftast förblev den stängd. På min "hemmakrog" visste alla att jag var diabetiker (Det är inte alla som hade en egen insulinspruta i baren). När man tar ett skvallersocker så talar det om hur man har legat i sina värden under en ca period om 3 månader. Vi kan milt säga att mina värden

48

var allt annat än OK. Inte för att jag hade lust eller vilja eller tid att ta tag i detta för sjukdomen har jag inte bett om att få! Den inkräktade på mitt liv å det grövsta så då kunde jag straffa den tillbaka men tänk att jag aldrig missat en enda spruta.

I den här vevan träffade jag en ny diabetesläkare. Jag satt i korridoren och väntade på att bli uppropad. Var tvungen att gå dit behövde nya recept. Och det åkte en lirare där i rullstol med skägg och gympabrallor. Och jag vet än idag att jag tänkte ALDRIG ska jag bli som honom för han har ju inte skött sig annars sitter man inte i rullstol. Nä absolut inte som han Stackarn!

Döm om min grövsta förvåning när rullstolen ropade upp mitt namn! Groteskt vem var han som ropade mitt namn? Jisses vilken gubbe. Obehagligt.

Jag gick in i rummet och mötte rullstolens stora leende som presenterade sig som min doktor! Gode gud finns det verkligen läkare som är så sjuka i sin diabetes så dom har hamnat i rullstol?? Attans Leena Skärp dig och det är genast!

Min nyfunna rulltolsdoktor var ett av det bästa som hänt för mitt skvallersocker. Jag var livrädd för att hamna i rullstol och dö. Han var ett levande bevis på att det faktiskt kunde hända. Så jag skötte mig länge och väl värdena vart snabbt bättre fast livet snurrade i samma spiral. Han lärde mig tips och trix, jag fick ringa hem till honom han fanns där på riktigt för mig hela tiden. Han sa till mig att det var OK att ta ett glas vin och äta en liten bit choklad. Att man kunde gå ut och festa men ät en smörgås innan du lägger dig. Han förklarade vad som hände i kroppen som diabetiker när man festar. Insulin kontra alkohol.

Han förklarade hur jag skulle styra och läsa av mina värden, lägga till och dra ifrån. Han förklarade den psykiska delen och dess påverkan på mina värden.

Kära älskade saknade rullstolsdoktorn min. Tack för att du fanns i mitt liv. Fast du skrämde skiten ur mig totalt. Den syrran som jobbade med dig är än idag min syrra.

Så sprack bubblan bara sådär. Jag var så sårbar. Det visade sig att du inte var diabetiker. Att du hade en annan hemsk sjukdom som gjorde att du satt i rullstolen och senare dog. Sista gången jag såg dig. Jobbade jag i färdtjänstbussarna som medåkare, vi hämtade rullstolsburna kunder och bar i trappor och körde till eller från olika adresser. Du blev hämtad av ett par kollegor och jag hade en kund i vår buss. Jag såg dig genom fönstret och du såg mig... Tårar rann på dina kinder och forsade på mina. Strax därefter dog du. Jag läste din dödsannons i tidningen.

Tack för den tiden jag fick med dig. Tyvärr så levde jag fortsättningsvis inte upp till den satta linjen för jag blev arg över att jag låtit mig själv luras av mig själv. Att jag trodde och tog för givet att du var diabetiker. Så jag ändrade snabbt tillbaka kursen till mitt gamla liv och la på en mur till. För man kunde inte lita på diabetesläkarna heller, vem ska man då lita på?

Att leva som man lär.

Återtåget till mitt gamla liv gick fort. Ut i hetsen och begrava mig i jobb och gå på krogen och vara föreningsförälder. Gud så skönt att leva i gamla mönster. Mitt skvallersocker gick raskt upp i för mig "normala värden" och läkarna suckade. Dock hade jag rent teoretiskt sugit i mig all kunskap. Så en kort vända valde jag att bli Informatör åt Diabetesföreningen. Men den delen var inget för mig. Jag har svårt att prata inför grupp utifrån satta och fasta punkter. Jag vill liksom köra mitt eget race. Så jag slutade med detta ganska snabbt. Dessutom tycker jag synd om nyupptäckta diabetiker av alla sorter eftersom dom har en sån press på sig att vara DUKTIGA.

Tänk dig själv. Du har fått en information om att du har fått en livslång sjukdom och genomgått en hel rad med undersökningar och genomgångar och ett ton med informationsmaterial!

Stressad i 280 för att göra vården till lags så ökar dina värden för att du är stressad och så jagar man upp sig för att det blir fel och får då ytterligare ett påslag i värdena med ett pekfinger som säger Ajabaja...Omöjligt att leva så i början innan allt landar omkring en.

Jag är en teoretisk diabetiker. En väldigt duktig sådan om jag får säga det själv. Med detta menar jag att jag kan svara på de flesta frågor som rör personligheten och diabetes och diabetesens påverkan vid olika saker. Alltså en Teoretisk Diabetiker. Sen att jag under inga omständigheter lever efter min egen teoretiska lära är en helt annan sak. För det handlar om Acceptans i grund och botten. Jag har inte accepterat min sjukdom på det sättet förutom att göra allt jävelskap som går för att tjafsa emot den. Jag är som en evig tonåring i det fallet.

Att jag sitter och berättar för folk som vill veta hur man ska leva och vad som händer är i ett visst läge ironi. I ett annat en form av självuppfostran. Skillnaden mellan mig och vården i det läget är att Jag lever mardrömmen och dom har betalt för att jobba med min mardröm.

Min högt älskade rullstolsdoktor berättade för mig att det finns diabetiker som är Anorektiker, Bulimiker, Psykiskt under isen, Alkoholister, Narkomaner m.m. Gemensamt för oss alla var i regel att vi alltid tog vårt insulin. Jag trodde jag var ensam om mina alkoholproblem och o-acceptans. Jag trodde att ingen fanns därute med i princip samma dilemma som jag.

- *Hur ska jag göra för att "sköta" mig?*
- *Hur ska jag komma ur mitt sätt att leva?*

- *Vem kan hjälpa mig rätt?*
- *Alla andra lever perfekt. Varför gör inte jag det?*

Hela jag skrek egentligen efter Någon som kunde per automatik räcka ut en hand och hjälpa mig på rätt köl. Men det kom ingen hand så jag ökade på mitt alkoholintag och fortsatte i samma tempo. Och levde som en Teoretisk diabetiker.

Även om man vill göra rätt så blir det fel.

Som ni säkert förstår redan så var mitt liv en röra men ändå höll jag samma linje hela tiden. Dagarna rullade på i samma mönster. Viktigast genom all denna röra för mig var att inte acceptera ny vårdpersonal. Jag fann en viss trygghet i att ha samma personer runt mig inom vården. Jag visste att dom visste att jag blå-ljög hela tiden. Frågan man kan ställa sig här är. Varför gjorde man inget? Varför la man inte in mig?

I ärlighetens namn så vet jag inte. Jag träffade en psykolog på en vårdcentral och gick faktiskt till honom ett antal gånger. Tills han sa att jag borde ta lyckopiller kroniskt resten av livet. Kul kille...Skulle inte tro det va? Bara för att han har gått en kurs i flera år så ska han inte tala om för mig att jag var trasig. Någon hejd på det hela fick det lov att vara. Jag hade ungar att ha koll på, ett jobb att sköta (där dom för övrigt hade andra lyckopiller), karaokekvällar att delta i.

Ja det var mycket som jag var tvungen at ta hand om hela tiden. För att inte tala om hur tufft det var att ta hand om min diabetes. Den tog jättemycket tid i anspråk sa jag till honom och därmed var det kapitlet avslutat för min del.

För inte var det fel på mig. Jag var stark och fixade allt till och med min diabetes. Så dagarna fortsatte månader blev till år och mer destruktiv blev jag men insulinet missades aldrig. För att beskriva en dag i mitt liv på den här tiden så var det ungefär så här:

05.00 Jourbokning av personal från kund
05.30 Kaffe och mer kaffe. Ny jourbokning
06.00 Kaffe och dusch
06.30 Nya jourbokningar
07.00 Väcka rara små söner…
07.15 Gå ut med hunden
08.00 Samla ihop sig efter iordning fix av mig själv och diskat
08.30 På kontoret och insulin samt frukostdags

Konstant pratande i telefon med kunder och personal

11.00 Promenad med hunden till postboxen
11.45 Kundbesök, hämta kläder till personal, bokningar
14.00 Glömt äta lunchdags för detta och insulin
15.00 På väg på kundbesök och organisera personal
Telefon
16.30 Hemåt Pratandes i telefon ut med hunden
18.00 Till ungarnas förening Möte samtidigt fortsatt jobb.
19.30 Middag och insulin

21.00 Öl och umgänge, krog häng och ibland pratandes i telefon
01.30 God natt

Oj det var nästan en hel sida med klockslag. Detta var en fullkomligt normal dag i mitt liv. Notera att jag aldrig tog ett blodsocker
(stick-i-fingret).

Grundstenarna i sin diabetesvård är: Insulin, Blodsockerkontroll, motion och kost. Just det 1 av 4 är väl inte så pjåkigt?
Det mest otroliga är att jag lyckades i 35 år leva på det 1 av 4.

Jag förstår mycket väl om vissa av er anser att jag är direkt korkad. Skyldig. Nån av er anser att jag är psykiskt sjuk. Kanske, jag vet inte. Lämnade ju han. Vissa anser garanterat att jag är ansvarslös. Absolut enormt skyldig, eller? Vissa av er kommer tycka synd om mig. Tack för det.

Fast jag vill inte att man ska tycka synd om mig, för då får jag Ågren. För att när någon tycker synd om mig är det ett tecken på att jag har tänkt på mig själv OCH så kan man inte ha det. Så var hellre förbannad på mig, det tar jag som ett tecken på att jag är "stark" och står upp och "jag kan själv". Skulle kanske tagit emot några lyckopiller ändå ...

Vad ni än anser eller tycker eller tror, så gjorde jag i är-
lighetens namn försök till att bättra mig. Jodå, hund in-
förskaffades för då måste man promenera. Jag stack
mig i fingrarna (blev si så där bra). Upptäckte mina vär-
den och blev rädd. Behöll hunden och la undan test-
apparaten.

Jag försökte upprepade gånger men ramlade alltid till-
baka till ruta 1. Det finns alltid skäl att bygga en mur-
rad till. Och tro mig jag hittade alla skäl.

Glöm för guds skull inte familjen.

Frågan kom från en diabetessköterska.
-Leena, Tänker du aldrig på din familjs känslor?
Jag tittade på henne länge innan jag svarade.
-Jo för jag träffar dom dagligen, jag pratar med dom dagligen och för det mesta är det helt ok. Tänker du på din?
-Men Leena, din familj är sjuka med dig. Förstår du?
-Absolut! Du vet inte hur rätt du har i den meningen. Hahaha. Vi är nog lite skruvade hela högen var och på sitt sätt.
-Leena, Nu menade jag inte så.
-Och det tror du inte att jag fattade? Vet du, min sjukdom är min sjukdom och jag har inte bett om att få den och jag är livrädd för att mina barn ska få den. Jag har inte tid att fundera över min familjs sjukdom i detta. Så hur var det nu, har du ett skvallersocker att redovisa till mig och fixa recepten för jag måste åka och jobba. Och du, dra inte in detta med min familj igen så är du snäll.

-Men Leena du måste se helheten i din sjukdom. Alla runt dig är drabbade och centrerade runt dig i detta. Vi kanske skulle ta hit din familj och gå igenom kost och vikten av vila och allt sånt...?

-Jag sa till dig. Lämna min familj utanför detta och gör det nu.! Ta aldrig upp detta igen. Tack för idag Hejdå.

Hon hade naturligtvis rätt, jag vet det och jag visste det redan då. Hela familjen blir drabbad. Den undermedvetna kontrollen hos alla. Den osagda oron. Koma, följdsjukdomar, kosten. Även vännerna runt omkring blir drabbade.

Eftersom jag nu var en Teoretisk diabetiker så kunde jag förklara på ett bra sätt för min omgivning så folket lät mig vara. (fast jag tror inte att dom släppte oron).

Här någonstans lärde jag mig att vården INTE var till för den "korkade diabetikern". Den liksom jag inte skötte sig och ej heller följde anvisade regler för att hålla sjukdom i schack.

Dom som inte uppfyllde dom 4 grundstenarna var jobbig att hantera och ett störande moment. Att vända på myntet och se den personens baksida fungerar inte inom vården. Följ reglerna eller ja, klara dig själv. Tidigare i boken var jag inne på samma ämne och det mest tragiska är att det än idag är så.

Tänk inte på personen utan se sjukdomen och dess staplar först. Sätt in en massa onödiga piller för att sänka det där och det där. Istället för att koppla på en person inom Diabetesteamet som kan peppa, stötta och hjälpa den enskilda personen. Jag tror personligen att det är bättre att kosta på tät kontakt med en sån person än att peta i massa tabletter. Kommer bollen i rullning så rullar den. Och till stor del sker resten per automatik. MEN det är en mycket lång process.

Visste du hur många diabetiker vi har i Sverige idag? Både Typ 1 och Typ 2. Siffran var enligt källor uppe i 450 000 personer år 2014. I hela världen beräknas summan uppgå till 14,1 miljoner.

Diabetes är en folksjukdom som eskalerar. Om du då har en droppe personer som är motfallspatienter, likt mig. Kan man då inom vården inte göra något?

Jag har vid ett par tillfällen skrivit artiklar till olika föreningar för att delge denna sida av diabetespatienter. Men ingen vill ta in artikeln för man ska inte visa upp den negativa sidan och det är skrämmande. Nyligen har jag hört fler som belyst eller försökt belysa denna del och fått liknande svar. Fegisar.

Motfallspatienter och djupt följdsjukdomspatienter finns. Alla är inte präktiga. Men alla kämpar. Diabetespatienten, Familjen kring den, Vänner och arbetskamrater. Men ingen inom vården eller olika diabetesföreningar lyfter frågan OM den knöliga patienten. Likadant i alla år.

Leena och Matlagning.

En av grundstenarna i diabetesbehandlingen är kosten. Ni minns mitt möte med dietisten?! Ren katastrof.

I min familj har jag aldrig behövt lära mig laga mat eller handarbeta. Däremot var mina bröder tvungna till detta. Av någon anledning slapp jag. Min mamma var enormt duktig och likaså min mormor. Dom gjorde allt sånt till mig utan knussel. Och knusslade mamma så gick jag till mormor. Och redan nu kanske ni förstår åt vilket håll detta avsnitt är på väg? Flertalet av mina vänner vrider sig troligen just nu i olika och icke nämnbara humordelar. Min familj kommer sucka.

Jag har alltid haft män som kan laga mat för jag är en pärla på att diska. Däremot kan vi lägga detta med matlagning åt sidan vilket då är ytterligare ett problem ur diabetessynpunkt eftersom korrekt kost är en grundsten i behandlingen. När jag separerade från mina barns far så kom min pappa med en massa paket. Dom olika paketen innehöll. Snabbmakaroner, Leverpastej, Knäckebröd, Ketchup, Falukorv, Tepåsar samt Bonniers stora kokbok och en Micro.

Halleluja för microns intågande i svenskarnas hem. Och min pappa. Goa underbara Pappa. I micron låg även en liten kokbok om vad man kunde laga direkt i micron. Joo, jag lovar man kan laga mat direkt i micron. Blodpudding och bacon bland annat. Skitsmidigt.

Jag minns vid ett tillfälle där jag skulle göra mig till och impa på en person. Så jag gjorde sockerkaka. Det var något jag klarade av så fram med samtligt innehåll. Mixpaketet och vatten. Häpp!

Smöra och ströa formen häll i smeten i formen och in i ugnen. Stick och kolla så den är klar vilket den var. Fram med den på bordet ihop med kaffet och skär upp...Servera med sked!

Vid ett annat tillfälle var mina 2 goa vänner uppe och vi skulle baka bröd. Jag förklarade att det inte går för jag kan inte.
Jodå sa dom vi står ju här bredvid dig du kan inte misslyckas.
Gör bara precis som vi säger. Jo, jag exakt som dom som sa efter konstens alla regler. Sen när allt var klart kunde vi ta brödet och gå ut och spela brännboll med det...Suck Ge upp.

Sen har vi den gången min yngsta son kom hem med muffinsformar och 2 tetrakartonger med muffinspulver...Hur svårt kan det vara? Tillsätt vatten stod det. Och det gjorde jag för läskunnig är jag. Jag tror det hette Shake & Bake. Shake innebär att man ska skaka kraftigt så det blir en smet i förpackningen.

Det var nog där det sprack en aning. Jag skakade och hällde upp i formarna tyckte nog att det var en aning klumpigt men tänkte att det ska nog vara så. In i ugnen. Klart. Eller?

Näää! Muffinsen låg som en platt-sten i botten på formen och hade intagit färgen svart. Som tur var så fanns det en kartong till som min son skakade och då vart det muffins.

Mat då? Ja det kan man undra. Går bra när man gör falukorv och makaroner eller värmer spagettiringar eller Ravioli. Fiskpinnar kan man laga till i brödrosten medans man kokar upp vattnet till potatismospulvret.

Vet ni? Min ena son är kock och jag är övertygad om att han blev det av ren självbevarelsedrift. Den andra är hantverkare och det var nog tidig jobbstart så han hade råd att äta lunch ute varje dag. Fast den dagen han blev ilurad fårtestiklar åt han "hemma" direkt ur Ravioliburken.

Det finns faktiskt vissa maträtter jag kan laga. Pastalåda, Ugnskorv, Panerad rödspätta, Sallad är enkelt men ganska tråkigt. Lövbit med pommes. Ni ser massa delikata rätter.

Min nuvarande svärmor är en matmorsa hon gör allt från grunden på riktigt. Jag brukar skoja med henne och ringa och säga att jag ska laga mat till hennes son. Svaret är väldigt snabbt. Vad ska du öppna för burk då?

Detta med korrekt kost som en grundsten i behandlingen är bara att ge upp för min del. Jag är helt enkelt inte intresserad av matlagning. Ändå har jag överlevt under alla år. Så även mina söner.

Jag vet inte om min motvilja är inbyggd sedan barnsben eller om den kom när dietisten sabbade med alla hot.
Men nu efter 38 år har jag gett upp mat & bak delarna.

Sen var det detta med motion.

Den andra grundstenen är då motion. Det fungerar så här:
Rätt kost och minst 30 minuters motion varje dag håller blodsockret nere. Och det är vad vården eftersträvar för god kontrollerad diabetes. Faktum är att det är helt korrekt, jag har testat och tro det eller ej men här har dom liksom rätt.

Problemet för mig är att motion är ruggigt tråkigt och tar tid från mina övriga dagliga aktiviteter. Fast har man hund så motionerar man trodde jag...Trodde!

Tills en diabetesläkare sa att det är bara båg för ska man gå så måste man gå med en hund stannar man hela tiden för hunden ska lukta eller göra ifrån sig så dom som har hund och säger att dom går är enbart för att lura sig själva. OK Tack för dom orden och den uppmuntran. Så här i eftertankens värld så blir jag förbannad av dessa ord men då gav det samtalet mig enbart vatten på kvarn.

Om vi tittar lite närmare på detta fenomen motion. Du kan gå på gym, promenera, springa, åka skidor, dansa, ja allt som gör att man rör på sig är egentligen motion och innebär då blodsockersänkning. Istället för att säga till sina patienter att det gör ingen nytta och det

är för lite eller vad det nu kan vara så borde man upp-
muntra dom små stegen.

En icke-diabetiker ska ha ca 3,5–5,5 i blodsockervärde,
(kan vara fel av mig på nån siffra). Men under 6 ska det
vara.

En diabetiker har en acceptans nivå på upp till 10 allt
över dessa värden är horribla. Jag låg konstant på 20–
23 varje dag. Mitt levnadssätt var alltså allt annat än
godkänt.

Jag lovade alltid bot och bättring men höll inget av det.
Diabetes är en "smygande" sjukdom det tar lång tid
för den att bryta ner kroppens system. Förutsättning-
arna för att inte låta kroppens system haverera är att
ha en god diabetes kontroll. Så som jag skrev tidigare,
Jag har testat!

Det måste ha varit en syn för gudarna. En av mina då-
varande chefer hade ett litet gym i Norra Stockholm så
hon övertalad mig att komma dit och det gjorde jag.
Iförd nya snygga träningskläder och gympadojor. Vi
stod på rad framför en enorm spegel och skulle följa
hennes rörelser. Så där stod jag som Mamma Mu och
gestikulerade min fagra kropp i en gigantisk spegel.
Kan erkänna idag att jag tyckte det var skönt men var
inte beredd på blodsockerfallet.

Jag hade tagit blodsockret innan (Ja, jag stack mig i fingret) blodsockret låg på 18. Efter passet så tog jag blodsockret igen det visade då 9. Så inom loppet av 45 minuter av ganska lugn träning sänktes blodsockret rejält.

Ganska nöjd med mig själv så åkte jag hem och duschade och åt middag satte mig på puben och drack öl! På morgonen mådde jag skit rent ut sagt inte på grund av träningsvärk utan mitt blodsocker var nere på 1,9 och det är nära KOMA!

Paniken flög på mig så jag tryckte i mig O´boy och 2–3 ostmackor för att få upp värdet igen. Vilket jag fick det går fort att koma upp i 18–20 igen, det kallas Rekyl.

Eftersom jag inte var van att träna och justera mitt insulin efter det så hade jag tagit samma doser med insulin som innan istället för att sänka mitt insulinintag vilket fick en omedelbar effekt. Och inte fortsatte jag träna inte fasen då blev man sjuk ju.

När man får det vi kallar känning så tappar man all koordination och fingrarna lyder inte. Hjärnan är på ett ställe och kroppen på ett annat. Det finns idag ca 450 000 diabetiker så det finns 450 000 olika former av känning. Vilket även ändrar karaktär genom årens lopp. Jag har gått från fingerlåsning till kli på näsan när värdena sjunker ner till känningsnivå. Detta är ett mycket obehagligt tillstånd att befinna sig i. Så där vill jag inte vara vilket jag såg till att inte vara heller med god effekt.

God egenvård.

Jag träffade för en massa år sedan en kvinna som var äldre än mig och vi kom att prata med varandra. Hon var en Typ 1 diabetiker. Helt plötsligt började hon pipa?! Väldigt förvirrande. Här sitter man i godan ro och pratar med en kopp kaffe och hon börjar Pipa.

Det visade sig att det var larmet på hennes klocka som talade om att hon skulle ta insulin och äta det var lunch. Hon tog sitt insulin och ordnade med sin mycket nyttiga lunch. Mätte blodsocker och noterade i dagboken. Alla diabetiker har en dagbok där man fyller i värden och annat som man kan visa upp vid diabetesmötet som sen jämförs med skvallersockret. Vidare så berättade hon för mig att hennes alarm stod på klockan 08.00, 10.00, 12.00, 14.30 och 17.30. Efter kl. 19.00 åt eller drack hon ingenting men larmet pep kl. 02 varje natt då blodsocker togs.

Jag måste ha sett ut som ett UFO för jag fattade ingenting. Hur orkade hon leva så? Jag frågade om hon aldrig avvek från detta vilket man som diabetiker gör mellan varven man orkar inte annars. Men nä, det gjorde hon inte och hade naturligtvis aldrig gjort. Hon sparade även alla sina dagböcker så hon kunde jämföra sina värden när det blev konstigt ibland. Jag blev frustrerad som bara den. Herregud människa!

Där satt jag och hade kanske en halv dagbok ifylld, värden som slog i taket hela tiden och dessutom en aning alkoholiserad. Jag vågade inte andas om mitt liv. Jag är inte säker på om jag kan kalla detta God Egenvård snarare en snara runt halsen där sjukdomen styr människan.

Det finns garanterat ett antal till såna här personer som är pedantiska med sin sjukdom. Jag är då inte en av dom.

God egenvård innebär ett kontrollerat blodsocker, bra kosthållning och motion. Kunna korrigera sitt insulinintag vid sjukdom eller motion eller annorlunda mat som exempelvis vid pizzaätning.

Jag gick emot alla kriterier som bara gick för jag vägrade ännu acceptera min sjukdom och vägrade att anpassa min vardag efter min sjukdom. Ställer vi nu den här kvinnan och mig mot varandra så blir det rent kaos.

Under alla mina år av o-acceptans mot min sjukdom så har jag aldrig stött på dess like igen efter denna kvinna. Och det är jag glad för hon gjorde mig hysteriskt nervös. Varför vet jag än idag inte.

Kort och gott kan vi säga att detta med God Egenvård
är en högst personlig del. Ingen av oss alla gör som
den andra. På det sättet är nog denna sjukdom en
aning dryg. Det finns liksom ingen fyrkantig mall att
följa förutom den kvinnan då som totalt läste innantill
på varenda rad och gjorde exakt det hon blev tilldelad.

Sista stenen Insulin.

För en Typ 1 diabetiker så innebär det att ta sprutor varje dag för att bukspottskörteln dör. Och enda sättet är att tillföra insulin via injektioner eller insulinpump.

För Typ 2 diabetiker så innebär det att bukspottskörteln har gått i "pension". Den producerar alltså en mindre mängd insulin på egen hand men mer behöver tillföras. Vilket sker med tabletter. Det finns även Typ 2 diabetiker som tar injektioner för att stödja upp värdena.

För oss som har Typ 1 och dagligen tar injektioner så är det ett pussel. Man måste alltid tänka på vad man ska äta och hur maten påverkar värdena. Vi kan laborera en hel del med våra injektioner så att man planar ut värdena och allt ser strålande fint ut. Men man kan inte trixa för mycket för då kommer det surt dagen efter. Det tar tid att lära sig Trixa.

Eftersom jag i minsta möjliga mån inte stack mig i fingret så chansade jag alltid på mitt insulinintag. Jag hade min dos som vården räknat ut men man kan alltid ändra lite som det passar sig. Jag kunde sällan tala om hur mycket insulin jag tar när jag var på återbesök för jag ändrade konstant. Ibland för mycket och ibland för lite.

Att det hängde ihop med kost och motion hade jag inte en tanke på. Eftersom jag varken lagade mat eller motionerade. Denna del med kombinationen av insulin, kost och motion är något nytt i mitt liv nu.

Om en diabetiker mot alla odds Inte tar sitt insulin så är man på riktigt dödssjuk inom loppet av 3 dagar. Alltså 72 timmar.
Och Tro mig, jag menar dödssjuk. Som DÖD. Sjukdomen är väldigt nyckfull och tar ibland väldigt konstiga vägar som ingen egentligen kan förklara.

Vänd på kalaset och tänk OM en diabetiker tar för mycket insulin? Samma sak där, dödssjuk men inom loppet av nån timme dessutom en koma med livet som insats. Så hur vi än gör så gäller det att trixa så allt blir rätt i slutänden. Detta ska då ske dagligen ihop med övriga vardagslivet. Gå runt med en tandborste i munnen 24/7 så ska du se hur imponerande det är.
Här konkar vi med oss insulin. Backup set till insulinpennan eller insulinpumpen, mätutrustning, Dextrosol, ID-kort som talar om att vi är diabetiker.

Telefoner för guds skull, så vi kan kommunicera med någon mm något händer. Detta gick inte förr i tiden då vi inte hade telefoner som följde med oss vart vi än gick. Då hade vi minicall. Pip.

Mina vänner, detta var nu lektionen kring dom 4.a grundstenarna så nu kan vi återgå till mig i vardagen.

Flytten till Värmland och jobba mot Norge.

Min yngsta son stack till Värmland för han blev lovad jobb där och bostad. Vilket slutade i ren katastrof men det löste sig för är det något jag lärt mina söner så är det att vara lösningsorienterade. Vilket jag är enormt glad över.

Som tur var hade jag och min dåvarande man goda vänner i Värmland så vi fick hjälp av dom utöver den hjälp herrn hade fixat själv. Nu är den här unge herrn en ganska rådig man så han löste problemet en vända till. Ringde helt enkelt hem till mig i Skogås och sa: *-Mamma, jag har hittat ett hus vi kan hyra... När kommer du?*

Eftersom min dåvarande man jobbade i Norge och jag hade samtal om en tjänst med att hyra ut personal mot Norge så ja, varför inte. Det var 20 mil till gränsen istället för ca 50.

Så jag åkte ner och mötte upp min dåvarande man samt unge herrn och våra goda vänner och åkte hem med ett kontrakt på ett hus.

Kvar i Skogås lämnade jag min äldsta son och hans vän som tog min dåvarande lägenhet. Båda jobbade. Jag led av att lämna honom min lilla bubbe vi hade aldrig bott på olika ställen tidigare. Han bedyrade glatt att han skulle klara sig och hjälpte raskt till att packa bilen. Den yngre sonen hade även han bråttom med att packa. Uppenbarligen var det viktigt att få mamma på plats så det blev lugnt överallt.

Jag vet inte om denna flytt var av ondo eller godo i slutändan för den slutade ett antal år senare i ren förskräckelse för min del.

Jobbet drog igång och huset kom iordning och festerna drog igång. Gud vad vi drack hela tiden. Och jobbade. Dagarna när min dåvarande man var i Norge var lugnare men dock inte torra. Jag började känna av och märka av mitt sätt att leva i kroppen. Jag hade även nått år innan fått en sjukdom som heter Hidradenitis. Fina ord va?

Men själva sjukdomen är inte så fin vill jag lova. Det är liksom bölder som växer inåt i kroppen och i mitt fall så var man tvungen att operera ut dom hela tiden. Jag är skuren 28 ggr inom loppet av 11 år. Olika storlekar av operationer varje gång men sövd och opererad 28 gånger.

Denna del sa man till mig inte var en följdsjukdom till min diabetes men läser man om den nu så verkar dom hänga ihop på nått sätt men som sagt jag är ingen doktor.

Mitt sätt att leva påverkade även denna sjukdomsdel.

När man lever med en man som har alkohol och spel-problem samt alltid står upp för sina barns skull, väg-rar att acceptera sin sjukdom, vägrar att ta hand om sig själv, urusel ekonomi och torsk hos kronofogden, begraver sig i jobb och mår uselt av att tänka tanken på att tänka på sig själv. Kan saker och ting inte bli an-nat än fel och jag hade levt så här så länge. Jag vågade inte visa min stora sårbarhet, vågade inte be om hjälp, skämdes som satan. Utan visade mig duktig och stark...glöm inte stark. Idag vet jag att jag inte var stark nånstans.

Jag bara försökte överleva 1 dag i taget och tänk för guds skull inte framåt.

Så jag jobbade hemifrån mot Norge vilket var en upp-levelse då jag inte förstod norska. Fast det gick att lära sig. I ena änden hade jag en norsk säljare och i den andra arga svenska snickare som sa att jag skickat över fel snickare...Ja vem fasen är felfri?

Jag tror att jag här någonstans började inse vidden av min diabetes och dess nedslag i kroppen. Men jag gjorde inget åt den jag fortsatte leva i förnekelse. Jag hade börjar gå sönder ordentligt i form av följdsjukdo-mar. Men som alla bra Personliga Tränare säger till sina kunder. BRA, KÄMPA, bara liiiiite till.

Undrar just om jag skulle bli PT? Orden kan jag i alla fall även om jag inte har kroppen.

Mina söner är mitt liv och alter ego.

Mina söner är det tyngsta jag har i mitt liv. Är det jobbigt för dom så är det jobbigt för mig. Jag tar åt mig deras problem ända in i själen. Jag lägger mig i deras liv och deras val...Gud vilken jobbig mamma jag är.

För nu när jag skrev att jag lägger mig i deras val så inser jag att det är just det jag gjort. Förlåt mina älskade söner (och deras sambo).
Nåja gjort är gjort jag kan inte mer än att fortsätta framåt. Mina barn har suttit utanför vid operation för att övervaka mina värden under narkos. Mina söner har tagit hand om mig när jag varit full. Mina söner har lyft upp mig när jag varit ledsen. Mina söner har varit med på läkarbesök. Mina söner har styrt mina tankar när jag har en massa konstiga idéer. Mina söner har skällt ut mig och kramat mig. Sovit bredvid mig i sängen och gjort iordning O'boy och ostmackor när känningarna anfaller, dom har vakat tills den släpper vad än klockan varit.

Som små fick dom som jag skrev tidigare snabbt lära sig vilka telefonnummer dom skulle ringa om jag var dålig (läs inte vaknade). Dom har fått lära sig att läsa av mitt blodsocker och lära sig skillnaden mellan högt och lågt. Dom kunde sitta i skolan och förklara att man måste ha godis hemma alltid för mamma kunde få känning och DÅ får man äta godis med mamma. Men om mamma inte äter godis måste man ringa mormor. Diabetes Typ 1 vilket skit för hela familjen.

Än idag trots att mina barn är 30 resp. 32 år bevakar vi varandra, fast lite annorlunda mot då. Jag tror att det för en utomstående icke diabetiker är svårt att förstå denna intensiva relation som grottar sig fast hos oss alla. Dock tror jag att för en Diabetiker så förstår man.

Mitt diabetesteam som alltid tjatade om att jag skulle ha egentid eller vad man nu kallar det för, borde lära sig att denna relation finns i hemmet och är läskigt intensiv även i vuxen ålder. Att man har band till sina barn, Ja absolut det har alla. Men här är dom banden taget ett par mil längre. För det handlar om **liv och död** för barnens mamma. Det blir en vardag. Än idag blir jag ledsen om jag inte får pratat med mina barn minst 2 ggr per vecka, det är viktigt. Även om det inte är något speciellt så ska det vara så.

Även mina barnbarn tar den här delen med att ha en farmor som är diabetiker. För dom är det normalt men även dom vet att tar man inte sitt insulin så är det inte bra. Dom är förvisso mer förskonade än sin pappa.

Jag vill inte att min familj ska bli drabbade så här av min sjukdom. Jag vill inte leva i förnekelse när ingen annan gör det och dom kämpar för mig men inte jag själv. Förbannade Egoistkärring. USCH.

Jag vill inte visa mig svag inför mina barn. Och det behöver jag inte för dom vet ändå att jag har vikt mitt liv åt dom sen den dagen dom föddes precis som jag lovade dom båda två.
Inget ont skulle få hända dom, INGET.

Istället så har det på nått sätt blivit tvärtom. Dom har tagit hand om sin egoistiska mamma. Eftersom dom är olika så har dom tagit hand om mig på 2 olika sätt. Vilket är lite intressant när man tänker efter och tittar i backspegeln.

Mina barn har aldrig vuxit upp med pengar då deras mamma alltid och ännu är skuldsatt (har man hamnat där kommer man inte ur Sveriges lagar tillåter inte det). Men dom har klarat sig och kämpat vid min sida och jag vid deras.

Operationer och Diabetes.

Operationer och Diabetes är en ganska jobbig combo. Man ska sövas och tappar kontroll över sina egna värden och man är tvungen att förlita sig på att personalen vet vad dom gör. Vid flertal operationer har jag sjunkit för lågt i mina värden. Operationspersonal säger alltid att dom har koll men det fungerar inte riktigt så i alla lägen. En diabetiker har alltid oavsett vad en så hög kontrollfaktor på sig själv så det kan vara svårt att lita på att allt går bra. Då jag vid flertal gånger i princip inte vaknat ordentligt på grund av låga blodsockervärden har jag alltid en familjemedlem där. Nån av sönerna eller mina föräldrar. För jag vill faktiskt vakna upp igen utan en massa efterstök med mina värden.

I motsvarighet till hur jag levde så är detta en motfallsfaktor i mitt liv.
I mitt fall så är jag et kontrollfreak i allt jag gör så även i sövt tillstånd. För det mesta går det bra och personalen är kunnig men som sagt det har hänt att det höll på att gå totalt åt fanders och det räcker för mig. Att ha en familjemedlem på utsidan inger en viss trygghet, kanske rent av ska kalla det falsk trygghet då dom inte ser mina värden under gång. Fast dom finns på uppvaket och kan hjälpa mig ha koll.

När man dras med dom här "bölderna" som opereras ut så innebär det att man är jätteinflammerad och mår skit rent ut sagt. Efter operationer så blir läget raskt bättre även om det är omläggningar och spolningar av operationssår och långa läkningsprocesser med tillhörande sjukskrivningar så sakta återvänder man till livet igen.

En operation i sig även på icke diabetiker är ett yttre ingrepp och krävande. För en diabetiker är det trippel tufft. Allt måste in i minsta detalj planeras. Insulinintag ska räknas ut, stabilisera upp värden, tänk på när man ska äta igen, allt måste med i planeringen. Eftersom jag har hållit på med detta i 11 år av och till så har jobbmöjligheterna rasat och inkomsterna sjunkit drastiskt. Så en operation för min del innebar en hel del extra trassel då jag var tvungen att ha pengar för att kunna fortsätta betala av mina skulder och allt vardagliga som ska betalas.

Detta ökar trycket psykiskt och som till följd innebär högre värden och längre läkningsprocess. Så fort jag tog mig ur en operationsdel så började det någon annanstans växa en ny "böld". Jag hann egentligen aldrig bli frisk innan jag blev sjuk igen så jag tog till alkoholen som en sorgevän över mitt liv.

Jag har en gammal vän som sa till mig: -*Man vet inte vad det innebär att ligga platt på backen Innan man råkat ut för det. Först då kan du bygga upp dig själv igen.*

Tyvärr har han gått bort i cancer. Han var miljonär 2 gånger och åkte duktigt i backen 2 gånger. Jag vet idag vad han menade. Vila i frid min vän.

Trots allt så fortsatte jag så fort jag kunde jobba vidare, vid nått tillfälle jobbade jag på uppvaket (kan inte rekommendera det). Jag var besatt av att ha pengar så jag kunde göra rätt för mig och ge mina söner allt dom ville ha i livet. Vilket jag än idag inte kunnat ge dom. Psykiskt sett så var mitt liv över för gropen jag grävde blev djupare hela tiden och jag hittade inte Stoppknappen.

Leena och hälsoveckan.

Hon höll upp en folder om en **"må bättre kurs"** i södra Stockholm. Jag skrattar ännu åt detta.

-Här Leena, Titta här, det kan vara kul och bra för dig att åka på vad tror du? Sa min gamla diabetessköterska till mig vid ett besök.

Målet var helt ok men inte upplägget. Man skulle åka ut till det här stället och vi hade uppfattningen att det bara handlade om diabetiker, vilket inte var helt rätt. Det var magsäcksopererade, hjärtopererade, och typ 1 och 2 diabetiker och några andra med olika problem. Minns jag rätt så var vi ca 12 personer som skulle bo ute på det här stället i 1 vecka för att träna, äta och gå lite informationskurser som skulle leda fram till ett hälsosamt liv. Åldern på oss var mellan 35 upp till 80 år.

Jag och kille till var dom som höll låda på stället och tro mig vi blev allt denna vecka. Man sätter alltså detta sällskap i en situation ute på ett boende i skogen. Ingen har tränat eller så tidigare, ej heller ätit helt korrekt. Skriver in oss och inackorderar oss. Sen var det promenad innan maten. När middagen serverades åkte samtlig personal hem.

Dagen efter så var det full kareta med träning och promenader, rätt kost. Sen åkte personalen hem. Tänk nu på att detta var sjuka människor med ganska tunga sjukdomsdelar. Det fanns alltså varken tillgång till läkare eller vårdpersonal som bodde därute med oss, det fanns inget journummer att ringa. Vi fick alltså sköta oss själva.

Naturligtvis sprang jag och den killen hela nätterna och servade dom andra som hade jättelåga blodsocker, hjärtklappning, svimattacker, m.m. Det var ingen av dom som var vana vid detta sätt att leva.

Vi visste inte hur vi skulle kontakta någon förutom 112, vi hade ingen koll men hjälpte dom andra på bästa sätt. Jag var arg som en bålgeting för det ansvarslösa beteendet från kursanordnarens sida och förbannad på landstinget som bekostade detta utan kontroll. I alla fall så överlevde våra deltagare så efter 1 vecka åkte alla hem och förmanades att leva som vi gjort där under 1 vecka i 3 månader på hemmaplan utan uppbackning.

Efter dessa 3 månader skulle det vara en återkoppling i 3 dagar därute och sen hem igen och leva som man blir tillsagd i 6 månader och sen ha en återkoppling 1 dag! Jisses säger jag bara, hemskt minne fast samtidigt hade jag kul.

Jag hann även jobba därute. Det som stör mig idag är att landstinget verkar kasta pengar omkring sig i all välmening kanske utan att kolla upplägget fullt ut. Människor som deltog i den här veckan kunde ha dött.

Jag var snabbt uppe hos min diabetessköterska och talade om hela paketet som rörde denna vecka. Avslutade med att informera att det där kunde jag göra bättre själv. Med vårdpersonal inkopplat. Sen fortsatte jag med mitt liv igen.

Kontentan är att alla dessa försök alltid slog ut så fel för min del. Vi skulle med facit i handen attackerat problemet från ett annat håll först. Just det Psyket.

Min dröm om att kunna hjälpa andra på ett sånt här sätt lever ännu. Men man behöver pengar och det finns inte.

Att vara sin egen terapeut.

Det kan väl alla vara lite till mans. Ni vet man pratar med sig själv och får dom bästa svaren, eller?

Att leva med diabetes som när som helst kan få dig på fall är ett gissel. Värden upp och värden ner, skakningar, tappat konceptet, förvirrad ja allt detta är ett gissel dagligen, dygnet runt. Men att dessutom utöver detta må så dåligt och inte hantera sin dagliga situation inne i kroppen är ytterligare en process som stör glukosvärdena hos en diabetiker.

Man får ett psykiskt eller nja, stressrelaterat påslag på värdena.
Det vettigaste hade väl i min situation varit att åka in till akuten och vägra gå därifrån. Kräva hjälp. Men för mig är det andra som behöver akuten mer än vad jag gör för jag är stark. Och jag kan själv. Kom inte och säg något annat. Sa någon sanningen om mig till mig så tog jag bort dom ur mitt liv. Ansåg därmed att problemet var löst.

Detta med att vara sin egen terapeut kan vara en aning vanskligt. Men jag var naturligtvis det till mig själv. Herregud vilken gåva. En dag kunde det låta så-här i min terapidel.

- *Leena, Du vet att du måste lämna dina prover senast imorgon?*
- *Ja Leena det vet jag. Du behöver inte prata om det.*
- *-Jo det måste jag för att du inte kommer göra det i alla fall. Lova att du gör det.*
- *Men gud vad du tjatar Jag ska säger jag ju. Måste bara lösa ett par grejer först.*
- *Du kan inte lösa det innan. Det ska vara faste-prover så du måste lämna proverna först.*
- *Ja, ja. Jag hör vad du säger. Men jag löser det sa jag ju.*
- *Du säger så hela tiden. Och du vet att du inte mår bra nånstans. Kan du inte pratat med ung-arna? Berätta hur det är. Dom kommer hjälpa dig.*
- *I helskotta heller jag tänker nedvärdera mig som mamma inför dom. Aldrig. Ge dig Leena!*
- *Men Leena Du behöver hjälp. På riktigt.*
- *Jag vet men det ska du inte bry dig om. Och att prata med grabbarna kan du direkt glömma.*
- *Kan du i alla fall ta ett blodsocker nu innan du tar insulin?*
- *Varför ska jag det? Samma skitvärden varje dag så det spelar ingen roll vad jag gör. Kan du helt enkelt bara vara tyst nu?*

- *Leena, Du vet att Om du slutar dricka och börjar ta hand om dig själv så blir värdena bättre ganska snabbt. Men du kommer inte klara detta själv. Du måste ha hjälp och för guds skull ta bort han du lever ihop med han förvärrar bara saken för dig.*
- *NU räcker det Han är snäll och hjälper till med grabbarna och jobbar. Han har absolut inget med min diabetes att göra eller mitt välbefinnande!*
- *Jo Leena det har han. På alla sätt. Lönen är en stor del den kommer inte hem den fastnar på vägen i en spelapparat eller på en PUB. Du får ingen hjälp med räkningarna. Och minimal hjälp här hemma. Du måste inse det och det är nu.*
- *Nej Nu räcker det. Nu måste jag jobba. Jag vill inte lyssna på mig själv mer! Försvinn.*

Lite så kunde det vara, mitt andra jag hade helt rätt men jag lyssnade inte. Jag ville inte för jag var livrädd för min sjukdom och för mitt förbättrade liv som kanske skulle kunna fungera. Jag malde bara på i samma hjulspår. Klart att personer i min omgivning var på mig och ville att jag skulle ändra på mig. Men jag fixade det inte. Jag var livrädd för att förändra och att göra det på egen hand fanns inte på världskartan.

Starka Leena som alltid oavsett vad löser allt åt alla hela tiden.

Vad skulle folk tro? Och min familj skulle förmodligen anse att jag var en svag stackare enligt mig själv. Så att vara min egen terapeut vart lite av ett andhål i min vardag vilket då kan anses vara korkat.

Att vara en social person med diabetes och psykisk obalans.

Det här är en taskig combo i alla avseenden och ur alla vinklar du kan komma på. För man pendlar mellan pest och kolera hela tiden. Ska jag ignorera mina glukosvärden och fortsätta som jag gör med livet som insats eller ska jag ta tag i detta och bli en mycket tråkig person mot mina vänner och min personal?

För jag har levt i tron att man måste ligga på topp hela tiden, att jag måste prestera och bevisa att jag är duktig och att jag är mycket kapabel att hjälpa och ta hand om andra i min omgivning konstant. Att jag gjorde detta på bekostnad av mig själv fanns inte i mina tankar förutom vid min egna terapidel.

Om det var fest hemma hos oss (vilket det var ofta) kunde jag först vara taggad till tusen och fixa o dona, handla och duka fint. Fast i nästa andetag känna att Nää jag vill inte ha fest, jag vill krypa upp i soffan och dricka te och kolla mina glukosvärden, ta en promenad och...så ringde telefon och det var folk som skulle komma sen var det klart.

Låt festen löpa igång fast jag var helt slut. Jag visste aldrig hur jag skulle lösa min tillvaro. Jag kände mig som 2 personer i en. Tankar på att inte orka längre kröp närmare och närmare. Och för att dämpa detta tog jag ett glas vin för att plana ut helt enkelt. Mitt tempo var ohållbart. Jag hade mellan 70–150 timanställda på eget ansvar, kundansvar, levde med en mytoman, ungarna och japp 2 hundar hemma.

Jag var så social så jag löste alla bekymmer som uppstod under gång bums vad det än gällde. Jag var på hela tiden. Blev det för lugnt så ökade jag på med annat. Min diabetes fanns som ett töcken av allvar i mitt liv.

Jag minns vid något tillfälle att jag tog upp hur jag mådde med en vän till mig. Personen i fråga började skratta och svarade efter ett tag att det var det roligaste jag satt på skitlänge... Ni minns min mur?

Den vart i det läget totalgjuten. Jag hade även försökt ta upp detta med han jag levde ihop med. Tänkte att vi kunde hjälpas åt att dra ner på saker och ting och ta gemensamma promenader så mina glukosvärden blev bättre. Han svarade med att Det där löser du nu ska jag kolla på sporten. Han tog sina öl och satte sig i soffan och tittade på sport.

Om jag kommer in i ett rum där det är flera personer som behöver hjälp av något slag. Så löser jag dessa åt

dom. Jag pratar med dom och lämnar mitt telefon-
nummer. Som sagt att vara social och må psykiskt då-
ligt kan gömmas undan. Ibland kan jag tro att mitt kall
är att hjälpa människor men samtidigt så kan jag
känna att jag tvekar. Gränsen mellan privatliv och an-
nat finns inte ör mig. "Egentid" finns inte för mig. Jag
vill inte sluta vara social, jag vill inte sluta ha kul, jag
vill inte tappa bort mina vänner, jag vill inte!

Tanken fanns där. Att bli ensam. Att inte överleva. Om
jag dör, vem kommer då på min begravning? Jag har ju
tagit hand om den och den och den. Men ville dom
verkligen ha hjälp eller var det bekvämt att låta mig
lösa problemet? Är det riktiga vänner? Vad är en riktig
vän? Men det är så intressant att hjälpa till och att få
vara social och glad. Få uppskattning.

Jag ber om hjälp hos diabetesteamet igen.

Jag börjar må så dåligt av min situation så jag visste inte hur jag skulle klara av min vardag. Jag drack mer och mer för att bedöva situationen. Jag gjorde en massa dumma saker. Sa en massa hemska saker som jag inte menade. Psykiskt så trasig och med glukosvärden som slog i taket var inte döden långt bort och jag var så rädd. Det som höll mig flytande var mina ungar. Och att fortsätta vara lika duktig som min storebror
(vilket jag nog aldrig lyckades med).

Idag vet jag att man kan vara duktig på olika sätt. Alla vi syskon har varsin del inom familjen. Jag var den som trasslade till det mesta även om jag i sociala samman-hang var duktig. Men det var min storebror som alltid fick berömmet. Såna här detaljer störde mig hysteriskt mycket. Jag tror inte att folk insåg hur illa det var med mig egentligen. Det sas saker som. Gå och vila du så mår du bättre sen. Kom igen vi tar några glas vin så blir du gladare. Du har fått en ny kund var lite glad och sluta var så otacksam. Den där killen du anställde han är suverän ta hand om honom ordentligt.

Jag var som en jädrans nickedocka som bara nickade och tog emot. Fast jag innerst inne bara ville skrika rakt ur att alla kunde dra åt helvete och när dom ändå var där så kunde dom ta min diabetes med sig också.

Hur det än var så åkte jag till Stockholm för att träffa en kund och passade på att söka mig till mitt gamla sjukhus där jag ändå kände personalen. Jag sa att jag orkade inte mer och var rädd för mig själv. Och trodde inte att jag orkade mer på egen hand. Jag bara måste få hjälp innan allt var för sent. Jag grät och förnedrade mig själv.

Svaret jag fick var: Köp en platta bira mindre och hör av dig till psyk. **Puuffh.** Då och där DOG jag. Jag visste inte vad jag skulle göra eller ta vägen. Jag var helt en-sam. Jag vägrade ännu koppla på ungarna eller mina föräldrar. Jag kunde inte visa svaghet.

Det fanns troligen bara en väg ut ur detta för min del. Och det var att se Döden i vitögat. Jag minns att jag tänkte att jag får träffa mormor och morfar, farmor och farfar och min gamla goda vän och min rullstols-doktor. Men ungarna för i helvete Leena! Ungarna!

Nä men det är OK dom klarar sig. Dom är duktiga. Dom kommer vara hysteriskt ledsna men deras pappa löser det. Efter alla år så får han göra en insats på riktigt. Med dessa tankar i huvet körde jag gråtandes hem till Värmland. När inte ens mitt diabetesteam hjälper mig.

Vem ska hjälpa mig då? Förutom jag själv som inte orkade hjälpa mig själv.

När man läser denna bok om mig så kan man säker bli både arg och upprörd eller som jag när jag skriver den. Så ledsen. Så innerligt djupt ledsen. Vissa stycken smärtar så tårarna bara sprutar. Samtidigt vill jag belysa att verkligheten finns därute och lär man sig att vara en kameleont så klarar man sig länge. Tror man. Jag har ett eget ansvar, Vården kring mig har ett ansvar, Min familj...har egentligen inget ansvar på det sättet, mina dåvarande vänner hade absolut inget ansvar. Mina barn har inte fötts till denna värld som jag skapat.

Att jag hamnade i den sits jag hamnade med ekonomiskt trassel, sjukdom, destruktiva förhållanden, konstiga beslut är i grund och botten bara jag som har mig själv att skylla och jag ansåg att jag misslyckas med att ta hand om barnen (vilket jag inte gjort, vet jag idag). Allt blev så skevt och ända sen mötet med dietisten. Livrädd för att dö. Livrädd för att göra fel. Livrädd för att inte vara till lags.

Jag kom i alla fall hem ordentligt och fortsatte leva det liv jag kunde. Synen hade försämrats, fotsår uppkom som inte läkte, mina bölder bara fortsatte mer operationer hela tiden. Jag blev helt enkelt sjukare och sjukare i min diabetes på grund av följdsjukdomar. Och på grund av mitt leverne.

Mina vänner började ge upp då jag pendlade i mitt humör som bara den. Hemma bråkades det ofta. Pengar fanns inte och fanns dom så dracks dom upp. Hur långt ner kan man sjunka? Hur länge orkar man fortsätta med jobb och fest och sin diabetes innan allt slår rakt ner i backen bara?

Domedagen.

Saken kom inte som en blixt från klar himmel. Den smögs sig på. Efter mitt besök hos diabetesteamet i Stockholm så fortsatte jag stå upp med nöd och näppe. Jag hade även ett besök hos diabetesteamet där vi bodde. Dom upplyste mig om hur dålig jag var på att ta hand om mig och att mina värden var så dåliga så egentligen skulle dom låsa in mig och slänga bort nyckeln! JA! SNÄLLA, gör det tänkte jag.

Dom fortsatte med att säga det kommer inte finnas någon som orkar hålla på att tjafsa med dig så du kan ringa sen när du behöver recept. Är det något annat så kan du naturligtvis ringa och prata med oss...

Jag har mig själv att skylla så enkelt är det. Jag har jobbat på bra med att få såna här bemötanden. Att det inte finns en psykolog knuten till ett diabetesteam är för mig ofattbart än idag.

Att åka hem och slicka såren var inte lätt. Att le och se glad ut gick inte bra. Jag har alltid funnit det lätt att uttrycka mig i musiken och deras texter. Eftersom jag har svårt att prata om känslor då jag bums börjar gråta och det kan man inte göra för då är man svag.

Under ett par veckor var jag som ett bojsänke. Jag sjönk längre och längre ner orkade inte prata med folk och var elak, ledsen och irriterad om vartannat. Frustrationen visste inga gränser. Så jag började samla musik olika texter dom flesta handlade om att säga Adjö. Mina barn fick länkar med låtar som jag valt ut. Dom ringde men jag bedyrade att allt var lugnt. Ville bara säga att Jag älskar dom med just den sången. Jag tror inte att någon av dom köpte det jag sa.

Kommande händelse är absolut inget jag är stolt över eller har pratat med någon om direkt. Att slå i backen så hårt som jag gjorde efter alla år av kämpande mot den bittra verkligheten. Vet jag ännu idag inte hur man ska hantera ordentligt.

Den aktuella kvällen hade vi en mindre bjudning hemma. Och min dåvarande man som var sin vana trogen att börja dricka på morgonen var i fin form framåt aftonen. Jag hade börjat jobba upp ett sinnestillstånd som kunde ha orsakat en hjärtattack. Jag hyperventilerade mellan varven av att vara glad. Till slut rämnade hela fasaden jag bröt ihop totalt efter ett bråk med min dåvarande man. Jag satte mig på golvet och bara grät och skrek om vartannat. Min vän som var där försökte trösta och dividera om att jag skulle skärpa mig och att det var ju en vanlig kväll osv...Men botten var nådd för min del. Inget hjälpte helt enkelt. Det slutade med att hon blev sur och reste sig och sa Spelar ingen roll vad jag gör för du lägger ju inte av. Sen gick dom hem. Och min dåvarande man hade somnat i soffan full som kastrull.

Beslutet var taget av mig. Jag skickade sms till mina barn och mina föräldrar och Tackade för mig.

Sen fixade jag till för att eländet skulle ta slut för gott. Jag minns att polisen var hemma och att ambulansen kom. Fast jag hade inte tillkallat nån av dom. Inte ens polisen fick liv i min dåvarande man. Mig tog man med i ambulansen och körde i ilfart till sjukhuset. Jag låg på intensiven i 3 dagar svävandes mellan liv och död.

När jag till slut var på en avdelning så kom det en psykolog. Han tittade på mig och sa. Det där var väl inte så bra gjort? Nää svarade jag. Så frågade han. Tänker du göra om det? Absolut inte, svarade jag. Bra sa han sen gick han och jag blev utskriven.

Jag åkte hem och fick veta att det var min äldsta son som fixat med polisen och ambulansen. Efter 4 dagar på sjukhuset hade min man absolut inget att säga om saken. Men dock så hämtade han mig.

Som ni förstår så kom min vändning i livet här. Detta var 2004 och nu är det 2017. I 25 år har jag slagits mot demoner och världen. Kämpat för mina barn. Kämpat för att inte dö av min sjukdom. Kämpat för att inte visa mig svag. 25 år innan linan brast. Och den brast hårt som fan.

Det fanns en person som sa till mig Jo jag visste att du skulle hitta på dumheter men du lyssnade aldrig så det var ingen ide att göra nått. Var de verkligen så? Lyssnade jag aldrig? Eller lyssnade jag och hörde men vågade inte ta emot.

Om så var fallet. Hur gör man då? Vem kan nå igenom en sån här situation? Vem har resurser att greppa tag i personen? Jag tror än idag att det är bra att knyta en psykolog till diabetesteamet direkt från början vid beskedet. Så många frågor, så mycket att ta in, så mycket rädsla både hos den drabbade och även dennes familj.

Vi flyttar.

Livet lugnade ner sig ganska markant efter min "utflykt". Och jag bestämde att vi skulle flytta, jodå jag tog med mig mannen. Vi flyttade inte långt. Jag trodde att saker och ting skulle lugna sig lite då en del andra möjligheter öppnade sig. Men det blev inte riktigt så bara nästan. Jag tror att vi var ett utspelat kort och inte skulle leva under samma tak det var ingen bra combo alldeles för många öppna sår låg kvar outredda. Mitt liv var ännu i spillror. Jag hade blivit utskriven och i och med det så var saken klar. Ingen uppföljning eller så. Utan det var Tack och Hej. Nu klarar du dig själv.

Jag kan ibland ifrågasätta vården på flera olika plan. Att jag är en skitjobbig patient köper jag men i denna utsatta situation kändes allt horribelt efteråt.

I alla fall så höll vi lågan uppe ett bra tag men till slut rämnade jorden under mina fötter och luften gick ur mig igen. Mannen låg på soffan och sov efter dagens öl intag. Och jag var tokfrustrerad det var snöstorm ute. Till slut efter mycket trampande så fullkomligen slängde jag ner mina kläder och insulin och allt annat i sopsäckar av någon konstig anledning även en miniräknare och ut i bilen med det. Satte mig sen och körde iväg (vände aldrig tillbaka).

På vägen i detta hemska väder så ringde jag en vän och grät och gnällde. Talade om vad jag gjorde, hon försökte övertala mig att stanna hos henne och hennes sambo men jag vågade inte med risk för att jag skulle ångra mig efter ett tag och vända om.

Jag körde och tog "mark" på en tradare i 30 mil. Jag var så slut så slut...

Jag nådde mitt mål hemma hos mina föräldrar körde in hos dom kl. 04.10 på natten. Parkerade utanför deras hus i skogen och ringde in till dom. Dom var oftast vakna den tiden och fikade så dom svarade eller nja pappa svarade. Han skrattade och sa Lilla gumman ringer du ska du ha kaffe? Ja tack svarade jag. Jag står utanför. Sen minns jag inget mer förutom att pappa mer eller mindre bar in mig i huset. Jag var hemma.

Jag bodde hos mina föräldrar ett tag i skogen och med lugnet. Det fanns ett mindre hus att hyra en bit ovanför dom och det hyrde jag. Där levde jag i 1 år och återfann mitt lugn och mitt liv.

Jag åkte enbart tillbaka för att hämta mina katter och delar av möblerna. Hade då med mig en del hjälp, och folk på orten ställde upp och hjälpte till. Mannen i fråga ville ha lift till Stockholm vilket han fick.

När man gör en sån här resa som är totalt horribel så tror ni kanske att jag glömt bort min sjukdom. Men ack så ni bedrog er. Den är i allra högsta grad levande o mitt liv. Faktum var att jag tog väldigt mycket blodprover när jag först flyttade till det andra huset och sen vidare till mina föräldrar och även i min egen lilla täppa i skogen vid vägens slut. Jag lärde mig att hantera mina värden kontra insulinet i verkligheten alltså inte bara teoretiskt. Jag började läsa om alla följdsjukdomar som hör till en ostabil diabetes. Och Tro det eller ej ALL hjälp man får om man säger till sitt diabetesteam!

Helt Fantastiskt vilken hjälp det stod om. Jag kliade mig i huvet och undrade. Vem ska jag säga till? Vem ska jag be om hjälp? Jag har gjort detta men inte fått hjälp. Jag har även försökt med det yttersta för fasen. Inte ens det hjälpte. Så snälla Vem ska jag prata med?

Mamma och Pappa undrade naturligtvis om alla omständigheter kring min krasch. Jag berättade en del men uteslöt det tyngsta och mest skämmiga. Jag ville inte att detta kom ut och jag ville inte vara en svag dotter inför mina föräldrar.

Den långa resan mot ett nytt liv.

Ni vet man stannar upp och funderar över livet ett tag mellan varven. Och sen tycker man synd om sig själv en stund. Men sen ruskar man på sig och tänker Äh va fasen Nu kör vi! Sånt här larv kan man inte hålla på med. Jag hade varit skötsam på alla nivåer länge med vissa avhopp. Men för det mesta väldigt duktig om jag får säga det själv. Jag umgicks med en av mina äldsta vänner och vi hade skoj och njöt av livet såsom 2 en aning mellanålders "tjejer" bara kan. Vi pratade dagligen med varandra som fnittrande fjortisar. Och jag mådde så bra med mig själv. Ni undrar kanske hur det gick med maten? Jo jättebra faktiskt, mamma lagade mat varje dag så det gick kanoners. Jag och min vän skulle bjuda mina föräldrar på middag en gång som Tack för allt. Vi skulle grilla bestämde vi oss för.

Fram med klotgrillen och i med hela påsen grillkol på med tändvätska och vänta lite. Tänd sen på. Satans vad det brann.

Oopps. Nåja Sen skulle vi grilla lax...jag tror vi lämnar ämnet där. Men vi hade vrålkul och viss del av maten var faktiskt ätbar trots allt.

Min oro för att dö i min sockersjuka hade inte släppt men dämpas för mina värden hade stabiliserat sig. Men jag märkte direkt när det spårade ur igen och jag var inte stark nog att hantera det just då men tog igen det efter 1 vecka ungefär. Fallgropar finns det gott om. Under den här perioden tyckte man att jag skulle vara på dagvård på diabetesmottagningen för att få en "kick-i-rumpan". Jag skulle kanske ha låtit bli det. Folk där var nyupptäckta diabetiker. Jag triggade igång direkt på att ta hand om dom och förklara och trösta. Vilket då innebar att jag la mig själv på hyllan. Lyckades även braka ihop med dietisten. Hon sa förvisso inget om blindhet eller amputation. Men man fick inte äta det eller det eller det eller......Jisses. Ge dig. Ge dom stackarna en chans.

Jag ifrågasatte allt för att starta en diskussion om mat och diabetes. Svaren på mina frågor blev hela tiden Det kan vi prata om sen Leena. Vad är det med dietister egentligen?

Sanningen är att du kan äta av det mesta det handlar om mängden. Tallriksmodellen och husmanskost och sallad fungerar än idag.

Jag går gärna ut och äter av förklarliga skäl. Man kan säga till att man vill ha mer av det än av det där. Hitintills har ingen sagt emot mig när jag ber om detta. Problemet med att gå ut och äta är plånboken. Samt så är det svårt att fastställa när maten kommer in eftersom man ska anpassa tiden när man behöver ta sitt måltidsinsulin till när maten kommer med ca 10–15 minuter. Så det gäller att vara lite finurlig här. Alltid detta pysslande och tänkande. Att gå ut och äta en middag i goda vänners lag med dryck till är återigen ett evigt tänkande och trixande. Vi diabetiker kan inte bara sätta oss ner och njuta och ha kul. Vi måste konstant tänka och kolla och fixa.

Ett år går egentligen hysteriskt fort.

N u var mitt liv i den lilla stugan inte alltigenom lugnt om jag ska vara ärlig. Jag föll ihop hur många gånger som helst och var livrädd för att dö där i stugan. Ironiskt egentligen i tanke på vad jag gjort tidigare.

Diabetesen sitter fast som klibbig klubba i håret hela tiden och gör sig påmind konstant. Eftersom jag tog dagliga promenader utan att ändra min insulindos så hade jag dagliga känningar på väg mot koma. Missade detaljen att man ska justera sitt insulinintag ganska ofta. Upptäckte här att mitt minne inte riktigt hängde med för hjärnan var på högvarv av andra orsaker hela tiden. På något sätt kopplade jag bort min teoretiska diabeteskunskap och fokuserade på att överleva.

Jag är och har alltid varit en person som kommer ihåg saker och ting vilket är både på gott och ont. Även oväsentliga saker kommer jag ihåg. Och helt plötsligt så finns inte min kunskap i mitt huvud. Var det för att jag kopplade av och andades efter sisådär 20 år? Det här pågick ett tag men jag lyckades plocka upp tråden igen så det löste sig.

Under detta år så opererades jag 3 gånger för mina "bölder" varav ena gången vaknade jag innan op var klar och den andra höll jag på att dö på kuppen för dom missade att kontrollera mina värden under op. Som sagt INTE utan min familj! Jag började även få laserbehandling för mina ögon. Jag som har min största fasa i att bli blind. Det här är ännu min största skräck. Tyvärr glömde man informera om vid laserbehandlingen att jag inte har mörkerseendet kvar. Vilket brutalt uppvaknande det blev. Det fanns inga vita linjer på vägen, Inga trottoarkanter, Inga refuger, inga trappsteg, inga markeringar alls såg jag när det började skymma. Så mitt boende ute i skogen såg ut en julskyltning året runt.

Jag jobbade naturligtvis även denna period finns inget annat förutom vid operationerna då men annars så var det så. Lyckades bitvis peta min diabetes åt sidan men kom på att jag inte fick göra så. Återigen tog jag kontakt med vården för att få någon som kunde hjälpa mig att liksom "hålla linan" så att jag inte föll tillbaka i gamla rutiner. Det gick inte så bra nu heller då man ansåg att jag var för stark och gav mig en folder eller var det en mindre bok?

Om hur man kan hjälpa sig själv till ett nytt och bättre liv?! Men när man inte hanterar det själv efter 28 år...Hur gör jag då? Hur skulle du göra? hur skulle du tänka? Gå tillbaka till den erfarna delen av ditt liv eller chansa på det nya okända? Och gissa dig fram till en lösning med diabetesen som insats.

Jag laborerade. Gudars så jag testade mig fram men det vart på något sätt inte riktigt bra. Den strukturerade linan fanns inte och jag hade ingen att rådfråga. Och åter igen undrade jag om ALL hjälp man ber om får man. Alla försök jag gjort till detta och som aldrig fungerade. Man ger lätt upp.

Samtidigt så kan jag tycka att jag var duktig på egen hand i flera omgångar gick även på mina inbokade besök hos diabetesteamet. Någon gång applåderade dom och tyckte jag var så duktig andra gånger suckade dom och sa jaha då var det som vanligt. Åter igen satte ingen fingret på problemet.

Problemet som skulle ha tagits tag i redan när jag blev diagnostiserad. Hjälpen skulle ha satts in redan där. Så kanske jag hade rättat in mig i ledet tidigare och inte 35 år senare. Att leva sitt liv med livet som insats på grund av en kronisk sjukdom tar på krafterna fast man kan alltid pressa lite till och se hur länge det håller ihop.

Jag åker till mina vänner och träffar min man.

Det var fest på gång alltid lika kul. Så jag körde till mina vänner i södra Stockholm för att umgås och ha trevligt. Och vi hade jättetrevligt. Mina vänner ringde dit en kille som vi känner alla sen gammalt han var numera nyskild. Han kom förbi men hastade iväg för han skulle på "herrmiddag" men lovade att komma tillbaka. Vilket han gjorde och efter det har vi varit oskiljaktiga. Det är 10 år sedan i dagsläget.

Han har på nått sätt blivit min livlina. Vad som än händer så står han stabilt runt mig och plockar upp när jag faller. Vad jag än hittar på för tok så låter han mig testa för att sen konstatera att han hade rätt från början då jag erkänner på mitt eget sätt att det inte var så fiffigt. Han och jag flyttade ihop ganska snart i hans lägenhet och i tanke på mina tidigare förhållanden så blev jag imponerad av at han betalade sina egna räkningar själv och hade fast heltidsjobb. Han var stabil liksom. Egentligen så är vi varandras motsatser. Jag är den bullriga och entreprenörstänkande impulsiva som jobbar efter tesen "Agera först Tänk sen" Min man är precis tvärtom. Kanske är det den saken som gör att det fungerar. Fast ibland förstår jag inte hans tålamod med mig. Hade jag varit han så hade jag blivit tokig på mig.

Om man nu ska se till känslor så blir även sjukdomen "gladare" av att ha bra känslor. Vilket återger sig i värdena. Mår du psykiskt bra så mår diabetesen bra. Då han bodde i Södra Stockholm och jag inte fixade Stockholm riktigt så flyttade vi till en mindre stad. Nära mina föräldrar min ena som flyttade även han dit med dåvarande sambon och barn. Vi fick snabbt en stor umgängeskrets och festandet tog fart igen. På något sätt ramlade jag in i karusellen igen och tog med min man. Vi pratade ofta om detta och vikten av att skärpa oss.

Mina söner sa till mig att dom vill ha en levande mamma länge och inte en död tidigt. AJ det gjorde riktigt ont. Jag tänkte inte så. Mitt liv såg inte ut så. Jag ville ha kul och glömma min sjukdom, ha en massa människor omkring mig och jobba med det jag älskar. Att en kronisk sjukdom ska sätta käppar i hjulet hela tiden fanns inte hos mig.

Vi jobbade på och levde för dagen. Umgicks med folk vissa bra och andra mindre bra. Vi gifte oss i trädgården hos mina föräldrar. Våra vänner från alla kanter kom och musikvännerna underhöll. Det var så underbart. En uppställning jag aldrig kommer glömma.

Hur det nu var så gick det några år men sen kom vi tillbaka till Stockholm. Ärrade av att ha testat ha eget företag som gick i konkurs på grund av uteblivna betalningar och skatteskulder som vi fick på grund av detta. Jag hade blivit sämre i böldernas värld och mina ögon dessutom började det bli problem med fötterna. Min man stod stabilt bredvid mig hela tiden.

Jobb och sjukskrivningar konstant.

Väl tillbaka i Stockholm så fick min man snabbt jobb och jag jobbade hemifrån. Synen var nu så pass dålig så jag hade en 42 tums tv på skrivbordet ihop med ett tangentbord anpassat för synskadade. Jag jobbade hemifrån för att överhuvudtaget kunna jobba. För man får inget jobb om man talar om att man är diabetiker även om du har kompetensen. Arbetsgivare har förmodligen en red-alert knapp inbyggd i det fall en person som söker jobb har en kronisk sjukdom. Fast jag kan inte kasta skit på dom heller för Jag själv skulle inte anställa mig själv. Men som arbetsgivare så anställde jag folk i min situation. Så länge man är ärlig med saker och ting så går det att lösa.

Vid återkomsten till Stockholm hattade jag lite innan jag beslöt mig för vilket diabetesteam jag ville vara hos. Mina fötter hade ett ställe, Diabetesteamet ett annat, Ögonen på ett tredje och operationer på ett fjärde. Men på något sätt fungerade det för mig och gör än idag. Och det kan jag tänka mig är förvirrande.

Problemet är att det blir förvirrat i vården om vem som ansvarar för vad när det gäller min behandling vem som liksom skulle hålla ihop trådarna. Samtidigt i det läget så får man vara sin egen vårdgivare och planera sin egen vård. Och eftersom jag är effektiv så löser jag problemet med att tjafsa mig till rätt vård. Vilket inte är ett sätt att rekommendera. Min fotsjukvårdare i Solna fullkomligen älskar jag. Mina ögonläkare är en gåva till oss som patienter och ögonvården. Mitt nuvarande diabetesteam på Ersta är guld värda. Ni står ut med mina nycker konstant och skrattar med mig för att jag ska vara trygg. Heder åt er.

Fast jag saknade ännu biten med den grundläggande hjälpen så livet hackade sig fram ett steg i taget. Jag klev ner i fallgroparna för jag var livrädd för framtiden. Jag drack, Jag grät, Jag försökte hålla ihop livet mellan jobb och sjukskrivningar. Jag vill egentligen bara sitta ner i en hörna och bara vara.

Jag började rakt ut säga vad jag tyckte och tänkte till min omgivning vilket jag inte gjort tidigare. Och det mottogs inte med glädje snarare tvärtom. Folk vände mig ryggen. Folk slutade höra av sig. Ni vet den där muren jag pratat om? Den lever kvar hos mig men jag vågade glänta på dörren och säga min åsikt. Vilket gjorde att ingen blev kvar. Skulle jag be om ursäkt och ha vännerna kvar eller skulle jag ha dörren på glänt?

Den fick stå på glänt. Jag var trött på att vara alla till lags hela tiden. Och hela tiden få höra att du måste ta hand om dig, Det är bara att göra, kom igen, du är stark, du måste jobba, kan du fixa det går så fort....

Jag var bara så trött på allt detta. Jag gråter sällan men när jag gör det så gör jag det och min man fick nog torka rätt mycket tårar och förbannelse en period. Men han gjorde det som den mycket goda människa han är. Intensivt förstod jag att den berömda väggen var väldigt nära men jag stannade inte, jag hittade nya vägar. Jag kunde inte sätta mig ner för då vart jag sjuk och var en besvikelse igen inför min familj. Jag måste orka och vara stark. Och viktigast av allt för guds skull var Glad.

Men glöm för fasen inte att ta hand om din sjukdom för annars dör du! Så jag gjorde nya försök att komma åt mitt som jag såg det Grundproblem.

Mamma Leena är inte uppkäftig och tar med sonen.

Jag var så slut så jag pallade i princip inte att gå till vården på egen maskin för det blev ta mig fasen bara fel hela tiden. Och tro det eller ej via diabetesteamet på KS så kom jag till en kurator...Hhmm.

Hon skulle utreda om jag behövde vidare hjälp till KBT för att kunna ändra mina invanda mönster och fokusera på min sjukdom.

Efter 32 år kom jag hit. Men ok jag gav det en chans fast jag tog med min ena son. Den här kuratorn var nog en aning för "svag" för mig och enligt mig hade hon inte riktigt koll på läget. Hon fokuserade inte på min kärndel utan allt annat runt om i världen och mina värden och hur jag skulle sköta min diabetes...

Min son hade en ganska kraftig åsikt om detta bemötande och förklarade för henne att: Ta hand om min sjukdom visste jag hur man skulle göra, problemet är dom kringliggande problemdelarna, att bryta ett mönster. Att sätta min teoretiska kunskap i verkligheten och vänja bort invant gammalt. Kuratorn skrev då ner lite grejer på ett papper och sa att jag skulle fundera ut Hur jag skulle ändra på mina mönster så skulle vi ta ett nytt möte! Jag gav upp för jag orkade inte med detta mer. I 32 år har jag kämpat och trixat och fixat. OM jag hade vetat hur jag skulle göra så hade jag väl redan gjort det, Eller?

Jag erkänner igen att jag var ingen enkel patient snarare tvärtom. Fast så här efteråt kan jag tycka att dom gånger jag bröt ihop och bar på mina bara knän om hjälp så skulle vården ha tagit chansen.

Min son fick mig i alla fall att gå till gymmet med honom. Jo...Han tränade länge dock inte jag så när jag var klar så sa jag till honom att jag går bort till puben och väntar på dig. Han höll då och där på att dräpa mig med sina ögon Du kan för fasen inte dricka öl nu då är detta förgäves, mamma.

Jag skrattade och sa att jag inte ska dricka öl. Jag ska dricka kaffe och prata skit med folk tills du kommer. Mina söner försökte putta mig framåt. Och var samtidigt rädda för att jag skulle dricka järnet igen. Dom ville ha sin mamma levande som sagt.

Eftersom jag är en person som styr och ställer och hjälper och fixar så vart jag än är styr jag gärna upp samtalet. Kanske har jag inte gett kuratorn en ärlig chans eller kanske jag helt enkelt inte var klar på min väg mot den Berömda väggen. Jag vet inte.

Att ha den supporten från mina älskade söner och min man tog mig hela tiden framåt. Jag kunde inte svika dom. Så genom att svika mig själv gång på gång så gjorde jag troligen dom besvikna gång på gång för att jag aldrig lyckades hålla i det jag företog mig.

För kläcka kloka idéer det är jag bra ska ni veta. Många finurliga planer har tagit form i min hjärna men jag fixade inte att hålla kvar tråden. Jag visste inte hur jag skulle jobba för att bryta mönster. Och jag fullkomligen var vansinnig när jag gång efter annan fick nya läkare inom vården. Eftersom jag har svårt med förtroende så var detta en akilleshäl. Vården är den viktiga ryggraden vid som i mitt fall diabetes. Dom har den medicinska kunskapen och jag verklighetens kunskap och detta ska fungera ihop på alla nivåer.

Så jag har tjafsat mig till den situation med vården jag har idag. Och lutat mig mot min familj för att finna styrka.

Att veta men inte inse.

M in teoretiska kunskap inom diabetes är på hög nivå och jag har en fingertopps känsla för vad som håller på att hända med mig och med min omgivning. Det har jag alltid haft.

Jag vet att jag är diabetiker och jag alltid måste ta sprutor för att tillföra insulin. Att jag behöver tänka på kost och motion och min egenvård. Det är vetskap. Men att inse är en annan femma. Polletten behöver liksom trilla hela vägen ner för att man ska inse. Hos mig hade den fastnat i strupen.

Eftersom jag hade en känsla av att vara på väg rakt in i väggen så körde jag på. Väggen var inte där ännu. Vilket resulterade i att jag blev fruktansvärt elak när jag drack alkohol. Skällde ut folk och sabbade. Min trötthet tog sig konstiga vägar. Och murens dörr som stod på glänt åkte igen. Min familj fick ta största smällarna. Jag orkade helt enkelt inte hantera mig själv längre. Samtidigt som jag visste så insåg jag inte.

Efter alla år med ett eget inbördeskrig mot mig själv så snurrade bara karusellen den gick liksom inte att hejda.

Jag gjorde en stor ögonoperation och åkte dagen efter till jobbet trots att jag inget såg. Min man körde mig och hämtade mig under mummel. Han fick leda mig upp till kontoret. Jag hade ett läkarintyg men ville inte vara hemma. Samtidigt hade jag foten i gips kanske jag ska tillägga. Men jag var stark, eller hur?

Hela tiden gnagde oron för mig själv i bakhuvet. Att allt skulle rasa helt drastiskt. Kollapsen var nära. Jag insåg det men ville inte fatta. Livsfaran hotade runt hörnet.

Fast vet ni? Det finns ingen chef som Tackar en för att man gör så. Däremot blir man Tackad genom att få veta bakväggen att företaget gått i konkurs. Helt horribelt. Men nu gick jag händelsen lite i förväg.

Räddningen kom i form av Typ 2 diabetes.

K an verka konstigt. Men faktum är att det är sant. Som en blixt från klar himmel bara. Det var julafton för 2 år sedan alltså 2015. Vi var hos mina föräldrar och min man var så himla törstig fast i gengäld hade han ätit ett kilo med godis. Och han var trött och fruktansvärt irriterad.

Min man är aldrig irriterad eller arg. Helt plötsligt slog det mig.
Herregud har han utvecklat Diabetes? Nej, Nej, snälla låt det inte vara så. Fram med testapparaten och testa blodsockret. Jodå klockrent!
Han hade högt blodsocker och då menar jag högt. Vi väntade en stund och värdet hade gått ner en bit men inte mycket. Jag ringde vården eftersom det var helg och vi var i ett annat län än vårt eget. Fick massa svävande svar av jourhavande läkare. Så jag blev förbannad och vi åkte hem. Och vidare direkt till akuten hemma där man tog emot min man och tog alla nödvändiga prover och kollade allt som gick. Konstaterade att det var diabetes. Osäkerheten låg i om det var en 1 eller 2:a så man inväntade fler värden innan man konstaterade att det var en typ 2:a.
Läkaren tänkte skicka remiss till vårdcentralen.

Men där gick min gräns. Dom pratade om min man och han ska ha det bästa av det bästa. Så det slutade med att jag fick upp honom till mitt diabetesteam omgående och han fick rätt doseringar samt sin obligatoriska Diabetesvecka. Jag var med som "moraliskt" stöd. Dom på dagvården tyckte det var en aning komiskt men lät mig hållas. Jag talade om för alla hur dom skulle göra (detta skedde även på akuten) och hände något som jag ansåg konstigt så fick dom bums veta det.

Nu tillhör min man den lugna sorten och det han blir tilldelad att göra gör han galant i de flesta lägen. Så även detta men han informerade att jag hade typ 1 diabetes så han visste och kunde sin diabetes med alla värden och olika behandlingar. Vilket radarpar Stackars vården.

Det som hände med mig i detta läge var att jag stängde av. Min man var i fara och sjuk. Jag måste skärpa mig ordentligt för nu var hans liv i fara. Vi tog oss runt detta, visst festade vi ibland men långt ifrån i samma takt som innan och absolut inte i dom mängderna. Min man mådde inte bra av att dricka ihop med sin behandling. Så det blev succesivt lugnare och lugnare. Kosten skärptes till inte fullt ut men ändå en hel del.

Samtidigt som han tog hand om mig hela tiden. Så var han tvungen att hand om sig själv. Personligen som kom till mer och mer insikt om saker och ting. Att det i ärlighetens namn var så att jag var sjuk. På riktigt. Och att jag var på väg mot en för tidig död på grund av allt som jag gjort under årens lopp. Det tog ett helt år för mig att börja jobba med mig själv.

Min man fick till sina värden fort då han har ett rörligt jobb och på det sättet höll igång. Jag fortsatte nog med livet fast i stillsammare form.

Tänk att en sån här sak ska få polletten att trilla hela vägen ner. Är det inte konstigt? När detta med min man uppdagades så fick jag panik och jag såg honom i en inre bild dö framför mig av sviterna efter sin diabetes. Jag blev fullkomligt rasande på denna sjukdom som återigen förstör i mitt liv. Som raserar för människor jag älskar och bryr mig om. Räcker det inte med att den tog mitt liv och förstörde Nä den måste ta min mans och min pappas och min mammas och min morfar. Förbannade skitsjukdom. Dom har typ 2 och jag har typ 1. Spelar ingen roll för det är en skitsjukdom lik förbenat.

Den totala kollapsen.

Jag och min man var på Maxi och skulle handla. Väl inne på Maxi så kunde jag inte andas, synen blev dimmig och svetten sprutade, hjärtat slog så hårt så jag var övertygad om att jag skulle dö där och då. Jag har aldrig upplevt något liknande. Fruktansvärt obehagligt. Min man fick leda ut mig till bilen så vi kunde åka hem. Väl hemma så släppte allt och jag lugnade ner mig. Men jag var helt slutkörd.

Min man undrade om vi skulle åka in till sjukhuset men jag sa nej. Vill inte störa akuten. Däremot hade jag sinnesnärvaro att ringa till psykakuten i vår kommun. Lyckades med konststycket att ringa på fel telefonnummer till dom först där en kvinna svarade och undrade hur jag fått det numret och sen gav hon mig rätt nummer. Så jag Tackade för mig och la på väntade en stund och funderade på om jag skulle ringa eller skita i det för allt var lugnt nu. På något sätt så tog jag tjuren i hornen och ringde varpå samma kvinna svarade och jag kom av mig och tänkte att jag slagit fel nummer igen men det var rätt.

Vi pratade och hon sa till mig att jag troligen har Utmattningssyndrom. Jag skulle se till att få en tid hos vårdcentralen och fick jag inte det så skulle jag ringa tillbaka till dom. Hon förklarade att det dom tar hand om är folk som är ännu mer psykiskt instabila. Jag köpte den förklaringen och tackade henne för samtalet.

Jag våndades i 2 dagar innan jag försökte få tid hos 1 vårdcentral som inte svarade tillbaka. Då tog jag nästa som inte heller svarade. Den 3:e fick jag tid hos direkt. Och jag blev bums sjukskriven, jag skulle bara vila och vila och vila. Samtidigt så skulle jag tid till en psykolog på vårdcentralen för det var så allt gick till i utredningen innan man fortsatte. Och i mitt stilla sinne tänkte jag.

Äntligen får jag hjälp med att lära mig veta hur jag ska göra för att ändra mitt beteende. Men så var inte fallet. Hon skulle ta reda på om jag var självmordsbenägen och hur jag skulle behandlas med terapi eller med tabletter i combo med terapi. Jag sa att jag inte vill ha tabletter.

 Hon tyckte att jag skulle gå med i en grupp med likasinnade som möttes och var ute på promenader i skogen med matsäck. Då informerade jag henne att hon inte var helt ok på min situation. Hon blev sur men jag sa att jag inte ser håligheter eller andra hinder på min väg där jag går. Och jag har som väl till synes en ortros (istället för gips) på ena
foten och en halvsko på den andra dessutom har jag

promenadförbud. Hur tänkte du nu? Hon avslutade mötet och sa att hon skulle prata med min husläkare.

När jag således nästa gång träffade min husläkare så togs detta upp och det framkommit mellan läkaren och psykologen att jag skulle remittera mig till KBT. Ja! Äntligen.

På just den mottagningen så var det 4 genomgångar innan beslut tas om man fick gå hos dom eller inte. Jag var då ett INTE ämne. Eftersom dom hade massa aktiviteter i grupp och dessutom en hel del fysiska övningar så kunde dom inte ta sig an mig då jag är både infektionskänslig och har promenadförbud med ortros och inte var en grupp KBT person. Så psykologläkaren och psykologen sa till mig på sista utvärderingsmötet att det förvisso var rätt tid för mig att få hjälp men jag passade inte in hos dom.

Så hade dom Googlat för att se vart jag kunde söka mig för att få hjälp!! Googlat?? På riktigt Är ni utbildade psykologer? Jag kan googla själv.

Jag hörde av mig till min husläkare och sa vad dom sagt och hon blev minst sagt arg. Så karusellen fortsatte en remiss är nu skickad till ett annat ställe sen 2 månader tillbaka dom har ännu inte hört av sig med svar.

Så här sitter jag med min lilla bok. Som har blivit en form av terapi för mig. Avskalad, naken och rak. Vissa saker är för känsliga att ta upp och namn ska inte lyftas fram. Min historia är troligen inte unik.

Statusuppdatering om mitt liv per den 2017-10-23 är:

❖ Får promenera små korta promenader och går med behandlingsskor resten av mitt liv.
❖ Synen är inte bra och jag har blödningar i ögat.
❖ Nervskador.
❖ Mina bölder fortsätter nu försvinner dom inte ens med antibiotika inväntar svar från en remiss sedan augusti 2017.
❖ Jag dricker inte längre mer än möjligen lite vin 2 gånger per månad och jag promenerar dagligen flera gånger eftersom vi skaffat hund. Nästa mål är att börja träna på gym.

Jag har ännu skulder och sitter fast i skuldträsket vet ännu inte hur vi ska lösa det. Jag har lärt mig till viss del att vara jag och att våga säga ifrån på rätt sätt och stå för min åsikt. Jag slänger mig inte in i att hjälpa alla andra och inte mig och min man.

Efter 38 år är jag nu på väg åt rätt håll. Men jag har fått kämpa dels till stor del mitt eget fel men även en stor del vårdens fel.

Jag kommer alltid kämpa för människor som har det svårt och hjälpa till men inte på bekostnad av mitt eget liv inte heller min familjs liv.

Jag lovar er att en uppföljning på denna bok kommer. Där ska vi gå in på hur man kan få rätsida på sitt liv med en kronisk sjukdom eller andra bekymmer. Hur man kan ta sig ur utan att leva som jag gjort.

Slutord

Till sist. Stort tack till dig som läst boken.

Mitt vårdteam som jag byggt upp till mig själv återfinns idag på följande ställen:

Ersta sjukhus Endokrin. Tack Ni är underbara.
St. Eriks ögonsjukhus, Retinamottagningen. Underbara människor och speciellt tack till mina läkare både på Med och på Kirurgsidan.
KS Solna Fotvårdsteamet. Till min fotvårdare säger jag bara, KRAM på dig. Och ni andra läkare som trängs där inne. Tack.
Olmed Huddinge. Tack för all snabb hjälp. Ni är toppen.
Ektorps vårdcentral i Nacka. Reser mig och Bugar. TACK av hela mitt hjärta.

Alla läkare och sjuksköterskor inom olika diabetesmottagningar jag cirkulerat på. Tack för att ni finns. Jag har äntligen kommit till ro och kan nu ta till mig min sjukdom. Hoppas ni inte lidit allt för stor skada av mig genom åren.

Och en extra stor hyllning till Barndiabetesläkare Bertil Thalme ("jävlaskithögdiabetesläkarfan" från 1979) och Per Reichard (Min egen rulltolsdoktor, du hade varit stolt över mig idag).

Ni är dom 2 läkare som för alltid lever i mitt hjärta.

Till alla mina familjemedlemmar. Förlåt allt ont jag gjort och kanske orsakat er. Älskar er nu och för alltid.

Mamma och Pappa. Tack för allt. Tack för att ni inte gett upp hoppet om mig.

Till mina söner och deras pappa. Alltid i mitt hjärta kommer ni att vara. Mina söner för att ni är just mina söner och er pappa för att han gav mig er.

Min älskade man. Min egen "betongpelare". Tack för att du står ut. Tack för att du finns och vill fortsätta vara min. Jag älskar dig.